클라우드 최소한의 기술 이야기

클라우드 회소한의 기술 이야기

초판 1쇄 인쇄 2025년 8월 1일
초판 1쇄 발행 2025년 8월 6일

지은이 | 김명신
총　괄 | 이미영
펴낸이 | 김명신

발행처 | 레비랩스
등　록 | 제2025-000104호
주　소 | 경기도 성남시 분당구 동판교로 155
이메일 | mskim@levilabs.net
홈페이지 | www.levilabs.net

디자인 | DESIGN 봄봄

ISBN　979-11-993507-0-0　93000

* 이 책은 신저작권법에 의하여 국내에서 보호를 받는 저작물입니다.
　출판사와 협의 없는 무단 전재와 무단 복제를 엄격히 금합니다.
* 잘못된 책은 서점에서 교환하여 드립니다.
* 책값은 뒤표지에 있습니다.

클라우드
최소한의 기술 이야기

김명신 지음

LEVI LABS
Confidence in the cloud

The expert in anything was once a beginner.

Helen Hayes

| 추천의 글 |

AI, 클라우드가 모든 산업의 기반이 되어가는 시대에, 클라우드에 대한 올바른 이해는 이제 선택이 아닌 필수입니다. 이 책은 복잡한 개념을 쉽게 풀어내어 비전문가도 클라우드의 핵심을 체계적으로 익힐 수 있도록 돕는 훌륭한 입문서입니다. 디지털 전환을 준비하는 모든 이에게 꼭 추천하고 싶은 책입니다.

김민준 의장 • 오케스트로 이사회

"클라우드 기술의 핵심을 꿰뚫는 필독서"
본서는 저자의 풍부한 IT 및 클라우드 전문성을 바탕으로 클라우드 컴퓨팅의 핵심 개념과 실무 활용 방안을 체계적이고 명확하게 설명한 지침서입니다. 하이퍼바이저, VDI, 서버리스 컴퓨팅, 객체 스토리지 등 실무에서 자주 접하는 기술과 용어를 심도 있게 다루며, 기술별 장단점과 활용 사례를 통해 실제 업무 능력 향상을 지원합니다. 특히 인증, 보안, 장애 대응에 대한 실질적인 전략과 국내외 클라우드 서비스의 비교 분석은 독자의 통찰력을 높이는 데 큰 도움을 줍니다. 클라우드 기술을 제대로 이해하고 활용하고자 하는 개발자와 IT 전문가에게 강력히 추천합니다.

박근한 상무 • 현대자동차, ICT 본부

클라우드 분야에 대한 저자의 깊은 경험과 지식이 잘 드러나는 책이다. IT 분야에 종사하는 사람이 꼭 알아야 하는 내용을 친절한 텍스트, 다양한 도표, 만화풍 그림을 동원하여 친절하게 설명해준다. 각 장이 끝날 때마다 핵심을 짚어주는 퀴즈와 정답이 제공되고 있어 확실한 개념 정립에 도움을 준다. 부록으로 포함된 기술 용어집도 유용하다. 개발 현업에 있는 사람은 물론, 클라우드에 대한 이해를 필요로 하는 모든 사람에게 많은 도움을 줄 것으로 기대되는 책이다.

임백준 대표 • 한빛앤

생성AI 시대 초거대 언어모델로 촉발된 AI의 넷스케이프 모멘텀에서 역시 가장 중요한 기반이고 인프라는 클라우드라고 해도 과언이 아닐 것입니다. 최근 GPU 기반의 고집적 클러스터링 기반 AI플랫폼도 클라우드가 없었다면 지금의 AI 모멘텀이 없었을 것입니다. 일명 네오-클라우드 시대로 가는 요즘 이 책은 클라우드를 누구보다 잘 알고 있고 오랜 시간 함께 하셨던 저자의 축적된 내공과 지식이 담긴 값진 책이라고 할 수 있습니다.

정우진 전무 • KT 전략,사업컨설팅 부문장

우리는 워라밸이 아닌 워러밸(Work learning balance)을 추구해야 합니다. 세상은 클라우드를 넘어 AI기반으로 빠르게 변화하고 있습니다. 앨빈 토플러는 21세기 문맹자는 배운 것을 잊고 새로운 것을 배울줄 모르는 사람이라고 했습니다.
본 책을 통해서 현재 우리가 대부분 사용하고 있는 디지털 기반 기술에 대해 명확하게 설명하고 있습니다.
이는 클라우드에 대한 이해도를 분명히 높일 수 있는 효과적인 재료가 될 것입니다.

최지웅 대표이사 • KT클라우드

이 책은 클라우드를 단순한 기술 입문서 수준에 머무르지 않고, 왜 클라우드가 AI 시대 조직 운영의 필수 인프라인지를 명확히 설명합니다. AI를 고민하고 있다면 결국, 그 여정은 클라우드 위에서 구현됩니다. AI 트랜스포메이션(AX)를 제대로 실행하고자 한다면, 이 책에 담긴 클라우드의 작동 원리와 철학을 반드시 이해해 보시기 바랍니다. 기술을 두려워하는 이에게는 용기를, 기술을 다루는 이에게는 통찰을 전해주는 책. AI 시대 든든한 기반이 되어줄 책입니다.

황재선 부사장 • SK 디스커버리 DX Lab

저자의 글

"기술을 몰라도 괜찮습니다. 다만, 두려워하지는 않았으면 좋겠습니다."

컴퓨터는 더 이상 전문가만의 도구가 아닙니다. 스마트폰을 넘어 인공지능, 자율주행, 가상현실, 사물인터넷까지-우리가 사는 세상은 점점 더 '소프트웨어가 움직이는 공간'으로 변해가고 있습니다. 그리고 그 중심에는 '클라우드'가 있습니다. 클라우드는 이러한 기술 생태계를 가능하게 하는 근본적인 기반이자, 우리가 디지털 세계를 이해하고 활용하는 데 있어 핵심이 됩니다.

이 책 『클라우드 최소한의 기술 이야기』는 그러한 클라우드의 핵심 개념을 보다 많은 분들이 이해할 수 있도록 돕기 위해 쓴 안내서입니다.

기술적 배경이 없는 분들, 혹은 클라우드에 대해 막 관심을 갖기 시작한 분들을 염두에 두었지만, 단순한 입문서에 그치지 않도록 노력했습니다. 클라우드를 중심으로 작동하는 현대 시스템의 구조와 개념을 하나하나 짚어가며, 실제 기술이 왜 그렇게 만들어졌는지, 어떤 원리로 동작하는지를 자연스럽게 이해할 수 있도록 구성했습니다. 가상화, 컨테이너, 네트워크, 보안, 자동화, 데이터 저장과 복구, 확장성과 장애 대응까지-복잡하게만 느껴졌던 기술들이 실생활의 언어로 다가오길 바랐습니다. 기술적인 용어를 나열하거나 단순히 해설하는 데 그치지 않고, 각 기술이 등장하게 된 배경과 해결하려 했던 문제를 함께 설명하려 했습니다. 예컨대, 왜 컨테이너가 필요한지, 왜 인프라를 코드로 다뤄야 하는지, 혹은 왜 마이크로서비스가 단순히 '작게 나눈 것' 이상의 전략적 선택이 되는지를 질문하고, 그에 대한 흐름을 따라갈 수 있도록 서술했습니다. 이는 기술의 암기가 아니라, 사고 방식의 전환을 이끄는 것을 목표로 했습니다.

또한 예시와 비유, 작지만 실감나는 사례들을 통해 내용을 더욱 풍성하게 풀어내려 했습니다. 기업용 시스템이 아닌, 개인 개발자나 소규모 팀이 마주할 수 있는 현실적인 상황을 중심으로 이야기를 구성함으로써, 독자 여러분이 "내가 이걸 왜 배워야 하지?"라는 질문에 스스로 답할 수 있도록 돕고자 했습니다. 이 책이 독자의 실천을 유도하고, 각자의 상황에 지식을 어떻게 적용할지를 고민하게 만드는 계기가 되었으면 합니다.

현대 사회에서 클라우드는 더 이상 선택이 아니라 전제가 되고 있습니다. 기업은 물론, 교육, 의료, 예술, 공공행정까지 모든 영역이 클라우드 위에서 다시 쓰이고 있습니다. 그러나 이러한 변화는 종종 별다른 설명 없이 당연하게 여겨지곤 합니다. 기술자만 이해해야 하고, 일반인은 몰라도 되는 영역으로 치부되곤 하지요. 이 책은 그런 오해에 맞서고자 했습니다. 클라우드는 이미 우리 일상 속에 들어와 있고, 누구나 그 최소한의 구조는 이해할 수 있으며, 또 이해해야만 합니다.

『클라우드 최소한의 기술 이야기』는 그런 점에서 단순한 기술 입문서가 아닙니다. 제목에는 '최소한의 기술 이야기'라고 되어 있지만, 그 안에 담긴 내용은 결코 가볍지 않습니다.

이 책을 읽고 나면 누군가는 클라우드 시스템을 직접 구축할 수도 있고, 누군가는 기술 담당자와의 협업에서 완전히 다른 감각을 얻게 될지도 모릅니다. 진로를 바꾸는 계기가 될 수도 있고, 지금의 업무에서 기술과 데이터에 대한 이해를 넓히는 계기가 될 수도 있습니다. 무엇보다 이 책을 통해 디지털 세계를 좀 더 넓은 시야로 바라보게 되기를 기대합니다.

이 책은 클라우드를 몰랐던 사람에게 클라우드를 이해시키기 위한 책이 아닙니다. 클라우드를 두려워했던 사람에게 자신감을 주기 위한 책입니다. 그리고 그 자신감이 곧, 기술과 가까워지는 첫걸음이 되기를 바랍니다.

지금 이 책을 펼친 여러분은 이미 그 첫걸음을 내디딘 것입니다. 이 책이 여러분의 기술 여정에 작은 도움이 되기를 바랍니다.

- 늦은밤 판교에서

| 목차 |

추천의 글 • 7
저자의 글 • 9

1팡. 클라우드란 무엇인가

1.1 클라우드 컴퓨팅이란 무엇인가? • 20
1.2 온프레미스와 클라우드 • 24
1.3 IaaS, PaaS, SaaS의 이해 • 28
1.4 비용 구조의 전환(CapEx에서 OpEx로) • 32
1.5 왜 지금 클라우드인가 • 34
1.6 내결함성, 고가용성, 확장성, 탄력성 • 37

2팡. 가상화 기술 이해

2.1 가상화란 무엇인가? • 50
2.2 하이퍼바이저의 종류 • 53
2.3 가상 머신의 구성 요소와 작동 원리 • 56
2.4 가상화의 장단점 • 61
2.5 클라우드 인프라에서의 가상화 적용 방식 • 65
2.6 데스크톱 가상화와 서버 가상화 • 67

3장. 컨테이너의 개념과 활용

3.1 컨테이너란 무엇인가? • 80
3.2 도커를 중심으로 본 컨테이너 생태계 • 83
3.3 컨테이너와 가상 머신 • 86
3.4 컨테이너 오케스트레이션 • 90
3.5 서버리스 컴퓨팅과 이벤트 기반 아키텍처 • 93

4장. 스토리지와 데이터 구조

4.1 클라우드 저장 방식의 분류 • 106
4.2 객체 스토리지 • 109
4.3 블록 스토리지와 파일 스토리지 • 112
4.4 스토리지 요금과 성능의 균형 • 115
4.5 스토리지 수명주기 관리 • 117

5장. 네트워크

5.1 IP 주소, 서브넷, 게이트웨이 · 128

5.2 공인 IP와 사설 IP · 133

5.3 NAT, 방화벽, 라우팅 · 136

5.4 VPN과 클라우드 전용선 · 140

5.5 로드 밸런서와 서비스 엔드포인트 · 143

5.6 DNS와 클라우드 네이티브 네이밍 서비스 · 147

5.7 클라우드 가상 네트워크 구조 · 150

6장. 인프라스트럭처 코드화 (IaC)

6.1 IaC의 등장 배경과 필요성 · 160

6.2 테라폼, 클라우드포메이션, 바이셉 · 163

6.3 IaC와 비용 제어 및 일관성 확보 전략 · 166

7장. 보안과 접근 제어

7.1 공유 책임 모델 • 178

7.2 IAM(Identity and Access Management) • 181

7.3 최소 권한 원칙과 역할 기반 접근 제어 • 184

7.4 비밀관리와 암호화 • 186

7.5 인증 토큰, 키 관리, MFA • 189

8장. 클라우드에서의 장애 대응

8.1 장애는 왜 발생하는가? • 202

8.2 모니터링과 로그 수집 • 205

8.3 고가용성(HA) 구성 • 208

8.4 재해복구 목표 수립 • 211

8.5 지역 중복과 백업 정책 • 214

9장. 주요 클라우드 플랫폼 비교

9.1 AWS, Azure, GCP 공통점과 차이점 · 226

9.2 주요 서비스 비교 · 228

9.3 국내 클라우드(NHN클라우드, 네이버클라우드, KT클라우드) · 231

9.4 클라우드 선택 기준 · 233

9.5 멀티 클라우드와 하이브리드 클라우드 · 236

부록A. 기술용어집 · 245

01

클라우드란 무엇인가?

이번 장에서는 클라우드 컴퓨팅이란 게 도대체 뭔지, 그리고 왜 요즘 들어 이렇게 중요해졌는지를 차근차근 얘기해보려고 해요. 먼저 클라우드라는 개념이 어떻게 등장했는지, 또 기존의 온프레미스 방식과는 뭐가 다른지를 비교해 볼 거예요. 그런 다음에는 IaaS, PaaS, SaaS처럼 클라우드가 제공하는 서비스들이 각각 어떤 특징을 가지고 있는지도 살펴볼 거예요. 클라우드를 쓰면 비용 구조가 어떻게 달라지는지도 중요한 부분이에요. 예전엔 장비를 사서 쓰는 방식이었다면, 이제는 필요한 만큼만 쓰고 그만큼만 비용을 내는 구조로 바뀌고 있거든요. 이게 단순히 돈 문제를 넘어서, 일하는 방식이나 의사결정에도 큰 영향을 줘요. 그리고 왜 지금 이 시점에 클라우드가 이렇게 주목받고 있는지도 이야기해 볼 거예요. 마지막으로는 클라우드의 큰 강점 중 하나인 '안정적이고 유연한 구조'를 가능하게 해주는 개념들인 내결함성, 고가용성, 확장성, 탄력성 같은 것들도 소개할 거예요.

쉽게 말해, 이 장은 클라우드에 대한 전반적인 이해를 돕기 위한 출발점이에요. 이 내용을 바탕으로, 이후에 나올 기술적인 이야기들도 훨씬 쉽게 따라갈 수 있을 거예요.

1.1 클라우드 컴퓨팅이란 무엇인가?

클라우드라는 말을 처음 들었을 때, 구름처럼 뭔가 눈에 보이지 않고 막연한 느낌을 받았던 분들이 많을 거예요. "어딘가에 있는 서버를 쓰는 건가요?", "인터넷이 되는 저장공간?"처럼 막연한 인상을 가졌던 기억이 있을 거예요. 사실 클라우드 컴퓨팅은 한 문장으로 정의하자면, "필요한 만큼의 IT 자원을 인터넷을 통해 빌려 쓰는 방식"이에요.

여기서 말하는 'IT 자원'에는 우리가 흔히 떠올리는 물리적인 서버뿐 아니라, CPU, 메모리, 스토리지, 네트워크, 운영체제, 데이터베이스, 메시징 시스템, 로그 수집 도구, 심지어 인공지능 API까지 모두 포함돼요. 즉, 과거에는 회사 내에 직접 구축하고 관리하던 거의 모든 인프라가, 이제는 인터넷을 통해 즉시 사용 가능한 형태로 제공되고 있다는 것이 핵심이에요.

이러한 자원은 대부분 클라우드 제공자의 데이터센터 어딘가에 존재하지만, 사용자는 그 위치나 장비 종류에 대해 알 필요가 없어요. 마치 전기가 어디서, 어떤 발전소에서 만들어졌는지 신경 쓰지 않고 콘센트에 플러그만 꽂으면 사용할 수 있는 것처럼, 클라우드도 필요한 순간에 필요한 만큼 자원을 요청하고, 사용하고, 다 쓰면 반납할 수 있는 구조를 갖고 있어요.

클라우드 이전에는 기업이나 개발팀이 어떤 서비스를 만들기 위해서는 먼저 하드웨어부터 구매해야 했어요. 서버를 주문하고, 도착하면 랙에 설치하고, 전원을 연결하고, 운영체제를 설치하고, 네트워크 설정을 하고, 방화벽과 보안도 구성해야 했어요. 이 모든 작업은 며칠에서 몇 주씩 걸리는 일이었죠. 비용도 문제였어요. 한 번 구매한 장비는 쉽게 되팔 수도 없고, 트래픽이 늘어날 것을 예상해 미리 자원을 넉넉히 확보해야 했어요. 하지만 막상 써보면 그 자원의 10%도 채 사용하지 못하는 경우가 많았죠.

뿐만 아니라, 갑자기 사용자가 몰려 서버가 부족해지면 긴급히 증설을 해야 하는데, 이건 장비를 다시 구매하고 설치하는 일이기 때문에 현실적으로 즉시 대응하기가 어려웠어요. 실제로 많은 서비스들이 '오픈 첫날 서버가 터졌다'는 이야기를 하고, 반대로 트래픽이 줄었을 때는 놀고 있는 서버 때문에 비용이 계속 나가는 비효율을 감수해야 했어요.

클라우드의 등장은 이런 현실을 완전히 바꿔놓았어요. 이제는 서버를 직접 소유하지 않아도 돼요. 필요한 만큼만, 짧게는 몇 분 단위로도 서버를 빌릴 수 있고, 사용이 끝나면 삭제해서 더 이상 과금되지 않게 만들 수 있어요. 예전에는 하나의 서버를 구축하는 데 2~3일이 걸렸다면, 클라우드에서는 2~3분이면 새로운 가상 머신을 실행할 수 있어요. 클릭 몇 번만으로 CPU, 메모리, 디스크 크기를 선택하고, 운영체제를 설치해서 외부에서 사용할 수 있도록 만들 수 있어요.

그리고 사용한 만큼만 과금되기 때문에, 초기 비용이 거의 들지 않아요. 한 달에 한 번 테스트를 돌리기 위해 서버를 구매하는 대신, 클라우드에서 1시간만 가상 머신를 빌려 쓰고 비용은 몇 백 원만 내는 식이 되는 거죠. 이건 개발자 한 명, 스타트업 한 팀이 대기업과 같은 수준의 인프라를 활용할 수 있는 시대가 되었다는 의미이기도 해요.

클라우드 컴퓨팅이 단순히 "원격 서버" 이상의 가치를 지니는 이유는, 아래와 같은 다섯 가지 특성 덕분이에요.

온디맨드 셀프서비스(On-demand self-service) 누구의 도움 없이도, 내가 원하는 시점에 서버를 만들고 삭제할 수 있어요.

광범위한 네트워크 접근성(Broad network access) 어디에서든 인터넷만 연결되어 있으면 접근할 수 있어요. 장소에 구애받지 않지요.

자원 공유(Resource pooling) 수많은 사용자가 자원을 공유하지만, 논리적으로는 독립된 자원처럼 사용하는 구조예요.

탄력성(Rapid elasticity) 부하가 늘어나면 자동으로 자원이 늘어나고, 부하가 줄면 다시 줄어드는 구조예요. '자동 확장'이 대표적 기능이에요.

측정 가능한 서비스(Measured service) 사용량이 명확하게 기록되고, 사용한 만큼만 요금이 부과돼요. 투명한 과금 구조가 가능해요.

이 다섯 가지 특성은 단지 기술적인 용어가 아니라, 실제 운영 방식과 비용 구조, 사용자 경험을 모두 바꿔놓는 요소들이에요. 예전에는 자원을 아껴 쓰기 위해 일주일에 한 번만 배포하던 서비스를, 이제는 하루에도 수십 번씩 배포할 수 있게 되었어요. 비즈니스 속도가 클라우드 덕분에 몇 배는 빨라진 셈이죠.

클라우드를 단순히 서버를 빌리는 기술이라고 생각하면, 클라우드의 본질을 놓치기 쉬워요. 진짜 중요한 건, 클라우드는 "필요한 만큼만 쓰고, 쓰지 않으면 바로 없애자"라는 새로운 운영 철학을 이야기한다는 점이죠. 이건 물리적인 서버를 사고 관리하던 시절에는 생각할 수 없던 방식이었어요. 그리고 이 사고 방식은 단지 인프라뿐만 아니라, 애플리케이션 설계, 비용 관리, 조직 문화에도 영향을 미쳐요.

누구나 클릭 몇 번으로 서버를 만들 수 있고, 수분 만에 컴퓨팅 환경을 구성할 수 있는 시대. 이게 바로 우리가 살고 있는 클라우드 시대의 풍경이에요. 그리고 이 변화는 아직 진행 중이에요. 앞으로 우리가 다룰 컨테이너, 서버리스, IaC(인프라스트럭처 코드화), 마이크로서비스 같은 모든 기술도 이 클라우드라는 배경 위에서 탄생하고 발전하고 있다는 사실을 꼭 기억해 두세요.

1.2 온프레미스와 클라우드

클라우드를 이해하려면, 먼저 그 이전의 방식, 그러니까 우리가 흔히 '전통적인 방식'이라고 부르는 온프레미스(On-premises)에 대해 이해해야 해요. 클라우드는 기존 환경을 대체하거나 보완하기 위해 등장한 것이기 때문에, 온프레미스와 어떤 점이 다르고, 왜 변화가 필요했는지를 먼저 살펴보는 것이 클라우드를 온전히 이해하는 데 큰 도움이 돼요.

항목	온프레미스 (On-premises)	클라우드 (Cloud)
자원 소유 방식	서버, 저장장치, 네트워크 장비 등을 직접 구매하고 소유	자원을 구매하지 않고, 필요 시 빌려서 사용
설치 및 운영 방식	직접 설치, 운영, 유지보수 (전원, 냉각, 보안 포함)	몇 분 안에 가상 머신 생성 및 삭제 가능
비용 구조	선투자 중심 (CapEx)	운영비용 중심 (OpEx)
초기 투자	수백만~수천만 원의 장비 구매 필요	초기 투자 없이 시작 가능
유연성	장비 교체나 기술 시험이 부담스러움	필요에 따라 자원 증설 및 삭제 가능
수요 대응력	트래픽 변화에 대응하기 어려움, 자원 낭비 발생	트래픽 변화에 따라 자동 증설/축소 가능
유지보수 부담	팬 교체, 디스크 확장, 패치 등 수동 작업 많음	고장 자동 복구, 패치 자동화 등으로 부담 감소
보안 통제	내부 정책에 따라 세세한 접근 통제 가능	제공자와 사용자가 공동의 책임
운영 환경 변화 대응	변화에 대한 대응이 어려움	빠른 실험, 실패, 개선 가능 (애자일 방식에 적합)
철학적 차이	'내가 소유하고 내가 관리하는 시스템'	'필요한 기능과 성능을 조립해서 쓰는 방식'
적합한 환경	공공기관, 금융기관, 물리적 격리가 필요한 환경 등	변화가 잦고 빠른 실험이 필요한 환경

온프레미스란 말 그대로 '내 건물 안에'라는 뜻이에요. 즉, 필요한 서버나 저장장치, 네트워크 장비 등을 직접 구매해서, 내가 소유하고, 내가 설치하고, 내가 관리하는 방식이에요. 기업들은 보통 사무실 한쪽이나 별도의 데이터센터에 서버룸을 만들고, 거기에 장비를 설치하고, 전원, 냉각, 보안, 유지보수까지 모두 직접 책임졌어요.

이 방식은 몇 가지 장점이 있어요. 무엇보다 자유도가 높고, 보안 통제가 명확하다는 점이에요. 모든 장비가 손이 닿는 곳에 있으니, 문제가 생기면 직접 점검할 수 있고, 내부 정책에 맞게 접근 통제를 세세하게 설정할 수 있어요. 특히 공공기관이나 금융기관처럼 민감한 정보를 다루는 조직에서는 이 점이 중요했어요. 또, 자산으로 인프라를 소유하므로, 장기적으로 보면 일정한 비용 안에서 지속적으로 운용할 수 있다는 시각도 있어요.

하지만 시간이 지날수록 이 방식의 한계와 비효율이 점점 더 크게 드러났어요.

첫째, 초기 투자 비용이 크고, 유연성이 떨어져요. 서버 한 대를 구축하려면 일단 수백만 원에서 수천만 원의 장비를 구매해야 해요. 여기에 랙, 전원 공급, UPS(무정전 전원장치), 네트워크 장비, 백업 시스템 등 부대비용이 함께 들어가죠. 장비를 들여놓고 나면 몇 년은 써야 본전이기 때문에, 자주 바꾸는 것도 어렵고, 새로운 기술을 시험해보기도 부담스러워요.

둘째, 사용량 변화에 대응하기 어려워요. 예를 들어 쇼핑몰이 명절이나 세일 기간에는 사용자가 5배로 늘어난다고 해볼게요. 이걸 대비하려면 평소에는 필요 없는 서버를 미리 사두어야 해요. 평소엔 서버가 놀고 있고, 바쁠 땐 그마저도 부족해서 접속이 끊기죠. 반대로 비수기엔 서버가 남아돌아요. 자원을 유동적으로 조절하지 못하니, 항상 비용 낭비가 발생해요.

셋째, 운영과 유지보수의 부담이 커요. 서버가 꺼지면 직접 가서 확인하고, 팬이 멈추면 교체하고, 디스크가 꽉 차면 백업 후 확장해야 해요. 보안 패치도 직접 해야 하고, 운영체제 업그레이드도 책임져야 해요. 게다가 이 모든 작업은 보통 야간이나 주말에 조심스럽게 진행돼요. 한번 실수하면 전체 시스템이 멈출 수 있으니까요.

클라우드는 이 모든 문제에 대해 완전히 다른 관점으로 접근했어요.

첫째, 자원을 소유하지 않고 '서비스처럼' 이용해요. 필요한 자원이 있다면 사지 않고, 빌려 쓰는 것이죠. 몇 분 안에 가상 머신을 만들 수 있고, 사용이 끝나면 삭제하면 돼요. 마치 전기나 수도처럼, 언제든 켰다 껐다 할 수 있는 유틸리티 서비스가 된 거예요. 이건 곧 비용 구조가 바뀐다는 것을 의미하기도 해요. 온프레미스가 선투자(CapEx) 중심이라면, 클라우드는 운영비용(OpEx) 중심이에요.

둘째, 확장성과 탄력성이 기본적으로 내장돼 있어요. 사용자수가 갑자기 늘어날 것 같다면, 서버를 몇 대 더 추가하고, 나중에 다시 줄일 수 있어요. 클라우드에서는 이런 일을 자동적으로(Auto Scaling) 수행할 수 있어요. 사용량이 늘어나면 자동으로 인스턴스를 늘리고, 줄어들면 자동으로 줄여서 비용도 아끼고 안정성도 유지할 수 있어요.

셋째, 유지관리의 부담이 줄어요. 클라우드에서는 하드웨어 고장을 걱정할 필요가 없어요. 디스크가 고장 나도 복제된 데이터가 자동으로 다른 서버에서 제공되고, 전원이 꺼져도 자동 복구가 이루어져요. 운영체제 패치나 보안 업데이트도 대부분 자동으로 처리할 수 있게 구성돼 있어요. 관리자가 해야 할 일은 점점 설계와 전략 중심으로 바뀌고 있어요.

가장 중요한 차이는 기술보다도 사고 방식의 차이예요. 온프레미스에서는 '우리 회사의 시스템'이란 개념이 중심에 있었어요. 자원을 내가 가지고 있고, 내가 관리한다는 책임감과 통제력이 중요한 가치였죠.

하지만 클라우드에서는 '우리 회사의 시스템'이란 개념보다 '내가 지금 필요한 기능과 성능'을 조립해서 쓰는 것이 더 중요해졌어요. 이건 운영 방식의 유연성뿐 아니라, 비즈니스의 속도 자체를 바꿔놓는 철학적인 전환이에요.

클라우드에서는 테스트 환경을 빠르게 만들고, 다 쓰면 바로 없애고, 프로토타입을 만들다가도 방향이 바뀌면 미련 없이 지워버릴 수 있어요. 이런 방식은 빠르게 실험하고, 빨리 실패하고, 또 빨리 개선하는 애자일(Agile)한 문화와도 잘 맞아요. 온프레미스에서는 어려웠던 방식이, 클라우드에서는 자연스러운 운영 방식이 된 거예요.

그렇다면 클라우드는 온프레미스를 완전히 대체할까요? 그럴것 같지는 않아요. 여전히 온프레미스가 필요한 곳도 있어요. 법적 규제가 까다롭거나, 초고속 네트워크가 필요한 실시간 시스템, 또는 물리적 격리 요구가 있는 환경이라면 온프레미스가 더 적합할 수도 있어요.

중요한 건 자신의 업무 환경과 서비스 성격에 맞게, 클라우드와 온프레미스를 적절히 조합해서 사용하는 전략이에요. 요즘은 이걸 하이브리드 클라우드, 또는 멀티 클라우드라고 부르기도 해요. 어느 한쪽만 고집할 필요는 없어요. 각 방식의 장단점을 정확히 알고, 선택의 기준을 명확히 갖는 것이 훨씬 더 중요해요.

1.3 IaaS, PaaS, SaaS의 이해

클라우드는 기술적으로 다양한 자원을 제공하지만, 사용자가 어느 수준까지 관리할 수 있도록 허용하느냐에 따라 서비스 방식이 조금씩 달라져요. 마치 같은 레스토랑이라도 셀프바, 뷔페, 코스요리처럼 고객이 손댈 수 있는 범위에 따라 운영 방식이 달라지듯, 클라우드도 사용자에게 맡기는 영역이 어디까지냐에 따라 IaaS, PaaS, SaaS로 나뉘어요.

이 세 가지를 클라우드의 서비스 모델이라고 하는데요, 각각 IaaS(Infrastructure as a Service, 인프라형 서비스), PaaS(Platform as a Service, 플랫폼형 서비스), SaaS(Software as a Service, 소프트웨어형 서비스)를 의미해요. 이름이 어렵게 느껴질 수 있지만, 우리가 일상적으로 접하고 있는 서비스들도 사실 이 세 가지 중 하나에 속해 있어요. 그리고 정말 많이 쓰는 용어니 반드시 기억해 두어야 해요.

IaaS는 가장 기본적인 클라우드 서비스 모델이에요. 여기서 클라우드 제공자는 가상 머신, 스토리지, 네트워크, 방화벽, 로드 밸런서 같은 인프라 자원만을 제공해요. 운영체제를 설치하고, 그 위에 애플리케이션을 배포하고, 보안 설정과 패치 관리는 모두 사용자의 몫이에요.

IaaS는 온프레미스와 구조적으로 가장 유사해요. 단지 물리 서버를 직접 구매하고 설치하는 대신, 클라우드에서 필요한 순간에 서버를 임대해서 쓰는 형태인 거죠. 예를 들어 가상 머신 하나를 만들고 그 안에 우분투(Ubuntu)라는 운영체제를 설치한 뒤, 직접 웹 서버나 데이터베이스를 설치해서 사용하는 방식이 대표적인 IaaS 활용 사례예요.

이 방식의 가장 큰 장점은 자유도가 높고, 세밀한 설정이 가능하다는 점이죠. 운영체제, 네트워크 구성, 보안 정책 등을 원하는 대로 구성할 수 있어요. 하지만 그만큼 관리해야 할 일이 많고, 그러니 실수할 가능성도 많아지죠. 그래서 인프라 운영 경험이 있는 개발자나 시스템 관리자에게는 IaaS가 익숙하겠지만, 초보자에게는 진입 장벽이 있을 수 있어요.

PaaS는 IaaS보다 한 단계 더 추상화된 모델이에요. 클라우드 제공자가 서버와 네트워크는 물론, 운영체제, 미들웨어, 데이터베이스, 런타임 환경까지를 함께 제공해줘요. 사용자는 그 위에 애플리케이션 코드만 올리는 식이죠.

예를 들어 웹 애플리케이션을 개발한다고 할 때, PaaS를 사용하면 가상머신을 만들고, Node.js나 Java 런타임을 설치하고, 보안 패치를 관리할 필요가 없어요. 단지 내 코드를 업로드하고, 실행만 시키면 돼요. 로그나 모니터링도 기본 제공되는 경우가 많아요.

PaaS의 장점은 명확해요. 애플리케이션 개발에만 집중할 수 있다는 점이에요. 시스템 레벨의 고민 없이 서비스의 기능과 품질에만 집중하면 되니, 특히 스타트업이나 소규모 팀에게 적합해요. 반면, 운영 환경에 대한 통제력이 낮아지고, 제공자가 정한 한도나 구조 안에서만 동작해야 하기 때문에 커스터마이징이 제한적일 수 있어요.

SaaS는 우리가 가장 익숙하게 접하는 클라우드 서비스 모델이에요. 클라우드 제공자가 애플리케이션 자체를 서비스로 제공하고, 사용자는 별다른 설치나 설정 없이 웹 브라우저나 앱을 통해 바로 사용할 수 있어요. 대표적인 예로는 지메일(Gmail), 줌(Zoom), 슬랙(Slack), 노션(Notion), 마이크로소프트365(Microsoft 365), 피그마(Figma) 등이 있어요. 이들은 모두 사용자가 직접 설치하지 않고도 브라우저로 접속해서 바로 사용할 수 있는 서비스예요. 업데이트나 유지보수도 클라우드 제공자가 알아서 처리해 줘요.

SaaS의 장점은 명확해요. 가장 빠르게 도입할 수 있고, 사용이 쉬우며, 관리가 거의 필요 없다는 점이에요. 반면에 단점은 커스터마이징 범위가 좁고, 데이터 이동이나 통합이 제한될 수 있다는 점이에요. 하지만 요즘 SaaS들도 점점 API나 외부 연동 기능을 강화하면서 이 문제를 점차 해결해 나가고 있어요.

많이 쓰이는 비유 중 하나는 피자 배달 서비스예요. 피자를 만들기 위해 필요한 요소들을 기준으로 각 모델을 정리하면 다음과 같아요.

항목	IaaS	PaaS	SaaS
반죽 준비	직접	제공됨	제공됨
오븐 사용	직접	제공됨	제공됨
굽기/요리	직접	직접	제공됨
먹기	직접	직접	직접

IaaS는 반죽 준비, 오븐 사용, 굽고 요리하기, 먹는 것 까지를 모두 직접 해야 하는 구조이고, PaaS는 거의 다 되어 있는 반조리 식품처럼 간단히 굽거나 데워서 먹는 구조, SaaS는 아예 배달된 피자를 먹기만 하면 되는 서비스라고 보면 돼요.

이 세 가지 모델 중 어느 것이 더 좋다고 단정할 수는 없어요. 업무의 성격, 팀의 역량, 필요한 유연성 수준, 서비스의 요구사항에 따라 달라지기 때문이에요.

- 인프라 제어가 중요하고, 복잡한 시스템 운영이 필요한 경우는 IaaS,
- 빠르게 애플리케이션을 만들고 배포하고 싶은 경우는 PaaS,
- 그냥 기능만 바로 사용하고 싶고, 인프라는 신경 쓰고 싶지 않은 경우는 SaaS가 적합해요.

요즘은 세 가지 모델을 섞어 쓰는 경우도 많아요. 예를 들어 SaaS로 이메일과 협업툴을 쓰고, PaaS로 웹 앱을 개발하고, IaaS로 데이터베이스를 따로 구성하는 식이에요. 클라우드는 그런 유연한 조합을 가능하게 해줘요.

1.4 비용 구조의 전환(CapEx에서 OpEx로)

클라우드를 처음 접하면 가장 먼저 떠오르는 장점 중 하나가 비용 절감이에요. 하지만 클라우드가 가져오는 비용 구조의 변화는 단순히 돈을 아끼는 차원을 넘어, 예산을 바라보는 관점 자체를 바꾸는 일이에요. 기존에는 IT 자원을 도입하려면 장비를 먼저 구입하고, 설치하고, 몇 년 동안 감가상각하며 사용하는 방식이었어요. 이런 접근은 '한 번에 큰돈을 쓰고, 오랜 기간 사용하며 가치를 뽑는' 방식이죠. 우리는 이를 자본 지출(Capital Expenditure), 줄여서 CapEx라고 불러요.

CapEx 기반의 시스템 운영은 계획적이고 예측 가능하다는 장점이 있어요. 일정 기간 동안 사용량을 예측하고, 여유 자원을 확보해서 안정적인 운영을 추구하지요. 하지만 그만큼 유연성이 떨어지고, 초기 비용이 크다는 단점도 함께 존재해요. 특히 요즘처럼 서비스의 사용량을 예측하기 어려운 시대에는 예측이 틀릴 위험이 매우 커요. 만약 예상보다 사용자가 적으면 장비가 놀고, 반대로 사용자가 몰리면 감당할 수 없게 돼요. 이런 상황은 클라우드 도입을 고민하게 만드는 주요 원인 중 하나예요.

클라우드는 이 구조를 완전히 바꿔놨어요. 클라우드를 사용하면 자원을 직접 구매하지 않아도 돼요. 필요할 때 빌리고, 쓰고, 다 쓰면 반납할 수 있어요. 이처럼 필요한 만큼만 사용하고, 사용한 만큼만 비용을 내는 구조를 우리는 운영 지출(Operational Expenditure), 줄여서 OpEx라고 해요. OpEx는 한 달 단위, 혹은 시간 단위로 과금되기 때문에 예산 계획도 훨씬 유연해지고, 변화에 빠르게 대응할 수 있어요.

CapEx와 OpEx의 가장 큰 차이는 리스크 관리 방식에 있어요. CapEx는

"미리 예측하고, 자원을 확보한 다음, 위험에 대비하자"는 철학이라면, OpEx는 "먼저 작게 시작하고, 필요에 따라 빠르게 늘려가자"는 사고 방식이에요. 이건 단순히 비용 처리 방법의 차이에서 그치는 게 아니라, 조직 문화, 개발 전략, 비즈니스 의사결정의 속도에까지 영향을 미쳐요.

항목	자본 지출(CapEx)	운영 지출(OpEx)
대표 사례	온프레미스 인프라 구축	클라우드 서비스 이용
지출 시점	장비 구매 시 한 번에 큰 비용 발생	사용한 만큼 지속적·반복적 비용 지불
비용 구조	선투자 중심	소비 기반 과금 (Pay as you go)
유연성	투자 이후 쉽게 바꾸기 어려움	사용량 변화에 따라 탄력적 조정 가능
장비 소유	자산으로 기업이 직접 소유	클라우드 사업자가 소유, 사용자는 임대
재무 처리 방식	감가상각 대상 (고정자산 등록)	비용으로 즉시 처리 가능
기술 변화 대응	기존 장비 교체 부담 큼	신기술 도입 및 테스트가 비교적 쉬움
사용 종료 시	잔존 자산과 관리 부담 존재	사용 중단 시 비용 발생 없음

예를 들어, 한 스타트업이 새로운 기능을 시험해보려고 해요. CapEx 구조에서는 서버를 구매하고, 설치하고, 보안 설정을 마친 다음 테스트 환경을 준비해야 하니 최소 며칠이 걸리고, 비용도 만만치 않죠. 하지만 클라우드에서는 클릭 몇 번이면 가상 머신를 띄우고, 필요한 환경을 구성한 뒤 바로 실험할 수 있어요. 실패해도 서버를 삭제하면 그만이고, 성공하면 인프라를 자동으로 확장할 수도 있어요. 이건 실험과 배포의 속도를 획기적으로 높이는 방식이에요.

기업 규모에 따라 클라우드 도입 배경은 조금 다를 수 있어요. 대기업은 기존에 구축해 놓은 인프라가 많기 때문에 클라우드 도입을 점진적으로 진행하는 경우가 많고, 신규 서비스나 분석 시스템을 중심으로 먼저 클라우드를 도입해요. 반면, 스타트업이나 소규모 개발팀은 처음부터 클라우드를 전제로 서비스 설계를 시작하기 때문에, OpEx 기반의 유연한 예산 구조가 훨씬 잘 어울려요.

이처럼 클라우드는 단순한 기술 플랫폼이 아니라, 비즈니스 전략에 맞춘 재무 구조와 속도 중심의 일하는 방식을 가능하게 하는 도구예요. 비용 절감만을 목적으로 접근하면 그 잠재력을 절반만 활용하는 셈이에요. 진짜 중요한 건 '필요할 때, 필요한 만큼만 빠르게 실행할 수 있는 능력', 그리고 그 기반이 되는 OpEx 중심의 유연한 사고 방식이에요.

이제 우리는 클라우드가 단지 서버를 빌려 쓰는 서비스가 아니라, 조직의 운영 구조와 예산 전략을 바꾸는 근본적인 전환점이라는 사실을 알게 되었어요.

1.5 왜 지금 클라우드인가

몇 년 전까지만 해도 새로운 시스템을 만든다고 하면 먼저 서버부터 고민해야 했어요. 어느 정도 성능이 필요할지 예측해서 장비를 구매하고, 네트워크 구성과 보안 설정까지 하나하나 손으로 작업했지요. 프로젝트가 커질수록 초기 투자 비용도 커졌고, 실행까지 걸리는 시간도 길어졌어요. 그런데 요즘은 상황이 많이 달라진 것 같아요. 작은 스타트업 하나가 거대한 서비스를 전 세계에 배포하고, 몇 사람의 팀이 실험과 개선을 빠르게 반복하면서 시장을 선도하는 일이 종종 일어나고 있죠. 이 변화

의 중심에는 클라우드가 있습니다.

지금 클라우드를 사용하는 이유는 단순히 기술이 좋아서만은 아니에요. 사실 클라우드 자체는 20년 가까이 된 개념이에요. 하지만 그동안 기술 환경과 서비스 방식이 극적으로 변하면서, 이제는 클라우드 없이는 대응하기 어려운 상황이 되어버렸어요.

우선, 예측 불가능한 환경이 점점 많아지고 있어요. 웹사이트에 갑자기 사용자가 몰려든다거나, 새로운 기능을 시험해보고 싶을 때, 예전 방식으로는 대응이 느릴 수밖에 없어요. 서버를 구매하고 세팅하려면 며칠, 길면 몇 주가 걸리잖아요. 반면 클라우드는 지금 당장, 5분 안에라도 새로운 서버를 만들 수 있어요. 이런 속도는 단순한 편의 그 이상이에요. 지금은 '빨리 실행하고, 빨리 실패하고, 다시 고치는' 민첩함이 경쟁력이에요. 클라우드는 그런 민첩함을 실현할 수 있는 환경이에요.

기업 입장에서 클라우드는 '디지털 전환'이라는 화두와도 깊이 연결돼 있어요. 디지털 전환이란 단지 기존 시스템을 웹으로 옮긴다는 뜻이 아니에요. 더 빠르고 유연한 의사결정을 할 수 있도록 조직 전체가 체질을 바꾸는 과정이에요. 클라우드를 활용하면 어떤 아이디어든 바로 환경을 만들고, 데이터를 수집하고, 반응을 살피면서 다음 실행을 고민할 수 있어요. 과거에는 인프라 구축이 사업 계획보다 앞섰다면, 이제는 '아이디어가 먼저고, 인프라는 그 아이디어를 뒷받침하는 도구'가 된 셈이에요.

클라우드는 큰 조직뿐 아니라 작은 팀에게도 힘이 되어줍니다. 몇 명이 모여 창업한 스타트업이 전 세계 수십만 명에게 서비스를 제공할 수 있는 것도 클라우드 덕분이에요. 예전 같으면 데이터센터 임대료만으로도 감당이 안 됐을 일이, 이제는 한 달 몇만 원 수준으로도 가능해졌죠. 초기 투자 비용이 거의 들지 않으니, 아이디어만 있다면 누구든 실현 가능성이 생겨요. 이것이야말로 클라우드가 제공하는 진짜 기회예요.

물론 클라우드를 쓰는 가장 쉬운 이유는 '비용이 싸다'는 점이에요. 처음에는 이 매력에 끌려 시작하는 경우가 많지요. 하지만 조금만 더 들여다보면, 클라우드의 진짜 가치는 유연성, 확장성, 그리고 자동화에 있어요. 자동으로 서버가 늘어나고, 다시 줄고, 백업도 알아서 되고, 장애가 나도 복구가 돼요. 사람이 손으로 일일이 해야 했던 것들을 시스템이 자동으로 해주는 거죠. 이건 단지 관리가 편하다는 차원이 아니라, 운영 안정성과 확장 가능성을 동시에 확보한다는 의미예요.

그리고 무엇보다 중요한 건, 클라우드가 더 이상 '선택지 중 하나'가 아니라는 점이에요. 지금 새로 나오는 기술, 특히 인공지능이나 대규모 데이터 분석, 실시간 협업 서비스 같은 것들은 대부분 처음부터 클라우드를 기반으로 만들어져요. 다시 말해 클라우드를 도입할까 말까를 고민하는 시점은 지나고, 이제는 어떻게 클라우드를 잘 쓰느냐가 경쟁력의 핵심이

되고 있는 거예요.

이처럼 지금 클라우드는 단순한 기술 변화 그 이상이에요. 그것은 일하는 방식, 문제를 해결하는 태도, 기회를 바라보는 관점을 모두 바꾸는 패러다임의 전환이에요.

1.6 내결함성, 고가용성, 확장성, 탄력성

클라우드를 이야기할 때 빠지지 않고 등장하는 개념들이 있어요. 바로 내결함성(Fault Tolerance), 고가용성(High Availability), 확장성(Scalability), 탄력성(Elasticity)이에요. 얼핏 보면 비슷하게 느껴질 수도 있지만, 실제로는 각각의 개념이 조금씩 다르고, 클라우드 인프라 설계에서 서로 다른 역할을 해요. 이 네 가지를 제대로 이해하면, 왜 클라우드가 기존 인프라보다 유연하고 강력하다고 평가받는지를 자연스럽게 알 수 있어요.

먼저 내결함성은 시스템에 어떤 문제가 발생하더라도 전체 서비스가 중단되지 않고 동작을 계속할 수 있는 능력을 말해요. 예를 들어 하나의 서버나 네트워크 장비가 고장 나더라도, 다른 자원이 그 역할을 대신해서 사용자는 아무 이상 없이 서비스를 이용할 수 있도록 하는 구조예요.

생활 속 예로는 고속도로나 지하철을 들 수 있어요. 어떤 노선에서 사고가 나면, 버스 전환 운행이나 임시 노선이 투입되어 전체 교통망이 마비되지 않도록 하죠. 시스템 일부가 고장 나더라도 대체 경로가 준비되어 있어야 전체 기능이 유지된다는 점에서 내결함성과 같은 원리예요.

그 다음으로 고가용성은 시스템이 가능한 한 '오래', '끊김 없이' 작동하는 것을 의미해요. 1년에 단 몇 분만 서비스가 중단돼도 손해가 큰 기업들이 있죠. 고가용성을 확보하려면 단순히 서버를 하나 더 놓는 것만으로는 부족하고, 구성 요소 전체를 이중화하고, 네트워크나 스토리지까지도 장애에 대비한 설계를 갖춰야 해요.

일상 속에서는 정전 대비를 예로 들 수 있어요. 병원이나 방송국 같은 곳에는 정전이 나더라도 전원이 끊기지 않도록 비상 발전기를 항상 대기시키죠. 환자의 생명을 다루거나, 방송이 끊기지 않아야 하는 환경에서는 이런 고가용성이 매우 중요해요. 클라우드에서도 마찬가지로, 다운타임을 최소화하기 위한 준비가 반드시 필요해요.

확장성은 시스템의 처리 능력을 수평 또는 수직으로 확장할 수 있는 능력을 말해요. 수평 확장은 서버 수를 늘리는 것이고, 수직 확장은 서버의 성능 자체를 높이는 것을 말해요. 클라우드에서라면 사용자가 많아질 때 처리 용량이 부족해지는 경우, 몇 번의 설정만으로 더 많은 서버 인스턴스를 추가해 서비스 품질을 유지할 수 있어요.

생활 예시로는 놀이공원 매표소를 떠올릴 수 있어요. 평일에는 창구 2개만 열고 운영하다가, 주말이나 공휴일에는 창구를 5개, 6개로 늘려서 긴 줄을 줄이는 거예요. 상황에 따라 수용 능력을 빠르게 조정하는 것이 바로 확장성이에요.

마지막으로 탄력성은 수요 변화에 따라 자원을 자동으로 늘리거나 줄일 수 있는 능력을 말해요. 예를 들어 낮에는 사용자가 많고, 밤에는 거의 없는 서비스라면, 트래픽이 몰릴 때는 서버를 자동으로 늘리고, 한산할 때는 줄여서 비용을 절감할 수 있어요. 탄력성은 확장성과 비슷하지만, 자동화라는 요소가 들어간다는 점에서 차이가 있어요.

생활 속에서는 난방 시스템을 예로 들 수 있어요. 요즘 아파트에는 실내 온도에 따라 자동으로 보일러가 꺼지거나 다시 켜지도록 설정돼 있어요. 사람의 개입 없이도 실내 상태에 따라 에너지를 자동으로 조절하는 것이 탄력성과 유사해요. 필요한 만큼만 자원을 쓰고, 그 이상은 줄여주는 것이 핵심이에요.

이 네 가지는 별개의 개념이지만, 클라우드 설계에서는 함께 고려되어야 해요. 내결함성이 보장되어야 장애에 강한 시스템이 되고, 고가용성이 확보되어야 비즈니스 연속성을 유지할 수 있어요. 여기에 확장성과 탄력성이 더해지면, 변화하는 수요에 빠르게 대응하면서도 자원을 낭비하지 않는 구조를 만들 수 있어요.

결국 이 네 가지 특성은 클라우드를 단순한 가상 머신 호스팅이 아니라, 지속 가능하고 회복력 있는 시스템의 기반으로 만들어주는 핵심 원칙들이에요. 클라우드를 잘 활용하고 싶은 사람이라면, 이 네 가지가 단순한 기술 용어가 아니라 설계 철학이자 운영 전략이라는 점을 꼭 기억해두는 게 좋아요.

핵심개념 퀴즈

1. 클라우드 컴퓨팅을 한 문장으로 정의하고, 클라우드 컴퓨팅에 속하는 'IT 자원'에는 무엇이 포함되는지 예시를 드세요.

2. 온프레미스 방식의 가장 큰 단점 중 초기 투자 비용 및 유연성 측면에서의 문제를 설명하십시오.

3. 클라우드 컴퓨팅의 다섯 가지 핵심 특성 중 '탄력성(elasticity)'은 무엇이며, 어떤 이점을 제공합니까?

4. IaaS와 PaaS의 가장 큰 차이점은 사용자가 어떤 수준의 IT 스택을 관리해야 하는지에 따라 나뉩니다. 이 차이점을 설명하십시오.

5. 대표적인 SaaS 서비스 두 가지를 예로 들고, 왜 이들이 SaaS 모델에 해당하는지 간략히 설명하십시오.

6. CapEx 방식의 IT 자원 도입이 가지는 주요 장점과 단점을 각각 한 가지씩 언급하십시오.

7. 클라우드 도입이 비용 구조를 CapEx에서 OpEx로 전환시킨다는 것은 무엇을 의미합니까?

8. 온프레미스 환경이 클라우드보다 더 적합할 수 있는 경우는 어떤 상황입니까?

9. 클라우드 도입의 이점은 단순히 비용 절감에만 있지 않다고 합니다. 비용 절감 외에 클라우드가 가져다 주는 주요 가치 두 가지를 언급하십시오.

10. 시스템 일부에 문제가 발생하더라도 전체 서비스가 중단되지 않고 동작을 계속할 수 있는 능력을 무엇이라고 합니까?

11. 시스템이 가능한 한 '오래', '끊김 없이' 작동하는 것을 의미하며, 다운타임을 최소화하기 위한 설계가 중요한 개념은 무엇입니까?

정답

1. 클라우드 컴퓨팅은 필요한 만큼의 IT 자원을 인터넷을 통해 빌려 쓰는 방식입니다. 여기서 IT 자원에는 서버, 스토리지, 네트워크 외에도 운영체제, 데이터베이스, 심지어 인공지능 API까지 포함됩니다.

2. 온프레미스 방식은 서버 등 장비 구매에 큰 초기 비용이 들고, 한 번 구매한 장비는 쉽게 바꾸기 어려워 새로운 기술 도입이나 사용량 변화 대응에 유연성이 떨어지는 단점이 있습니다.

3. 탄력성은 서비스 부하가 늘어나면 자동으로 자원이 확장되고, 줄면 자동으로 축소되는 클라우드의 특성입니다. 이를 통해 비용 효율성을 높이고 서비스 안정성을 유지할 수 있습니다.

4. IaaS는 가상 머신, 스토리지 등 기본적인 인프라만 제공하여 사용자가 OS 설치부터 모두 관리해야 하지만, PaaS는 OS, 미들웨어, 런타임 환경까지 제공하여 사용자는 애플리케이션 코드만 배포하면 됩니다.

5. 지메일(Gmail)이나 줌(Zoom)이 대표적인 SaaS 서비스입니다. 사용자는 별도 설치 없이 웹 브라우저나 앱을 통해 이메일, 화상 회의 기능을 바로 이용할 수 있으며, 업데이트 및 유지보수는 제공자가 관리합니다.

6. CapEx 방식의 장점은 계획적이고 예측 가능한 예산 운영이 가능하다는 점이며, 단점은 초기 투자 비용이 크고 사용량 예측 실패 시 비효율이 발생할 수 있다는 점입니다.

7. 클라우드 도입이 비용 구조를 CapEx에서 OpEx로 전환시킨다는 것은, 자원을 미리 구매하는 대신 사용한 만큼만 지불하는 운영비 중심의 구조로 바뀐다는 의미입니다.

8. 온프레미스 환경이 클라우드보다 적합할 수 있는 경우는 법적 규제가 까다롭거나, 초고속 네트워크가 필요한 실시간 시스템, 또는 물리적 격리 요구가 있는 환경 등입니다.

9. 비용 절감 외에 클라우드가 가져오는 주요 가치로는 유연성, 확장성, 그리고 자동화를 통한 운영 효율성 및 안정성 확보 등이 있습니다.

10. 내결함성(Fault Tolerance) 입니다.

11. 고가용성(High Availability) 입니다.

요약

- 클라우드는 서버를 빌리는 것 이상의 의미를 가지고 있으며, IT 자원을 인터넷을 통해 필요한 만큼 빌려 쓰는 방식입니다.

- 온프레미스는 서버를 직접 소유하고 관리하는 방식으로, 초기 투자 비용이 크고 유연성이 떨어집니다.

- 클라우드는 자원을 소유하지 않고 서비스처럼 이용하며, 확장성과 탄력성이 내장되어 있어 변화에 빠르게 대응할 수 있습니다.

- 클라우드 서비스는 IaaS, PaaS, SaaS로 나뉘며, 각각 인프라, 플랫폼, 소프트웨어를 서비스로 제공합니다.

- IaaS는 가상 머신와 같은 인프라 자원을 제공하고, PaaS는 운영체제와 런타임 환경까지 제공하며, SaaS는 애플리케이션 자체를 서비스로 제공합니다.

- 클라우드는 자본 지출(CapEx)에서 운영 지출(OpEx)로의 전환을 가능하게 하여, 초기 비용을 줄이고 유연한 예산 계획을 가능하게 합니다.

- OpEx는 필요한 만큼만 사용하고 비용을 지불하는 구조로, 변화에 빠르게 대응할 수 있습니디.

- 클라우드는 예측 불가능한 환경에 빠르게 대응할 수 있는 민첩함을 제공합니다.

- 디지털 전환과 더불어 클라우드는 조직의 운영 구조와 예산 전략을 바꾸는 중요한 도구입니다.

- 클라우드는 내결함성, 고가용성, 확장성, 탄력성과 같은 특성을 통해 유연하고 강력한 시스템을 제공합니다.

- 이러한 특성들은 클라우드를 지속 가능하고 회복력 있는 시스템의 기반으로 만들어 줍니다.

02

가상화 기술의 이해

가상화는 클라우드를 이해하는 데 꼭 필요한 핵심 기술이에요. 이 장에서는 가상화가 어떤 기술인지, 왜 필요한지부터 시작해서, 가상화를 가능하게 해주는 '하이퍼바이저'가 어떤 식으로 동작하는지도 알아봐요. 또 가상 머신이 실제로 어떻게 구성되고 작동하는지, 그리고 가상화를 통해 어떤 점이 좋아졌는지도 함께 살펴볼 거예요. 물론 성능 저하나 관리의 복잡함처럼 단점도 있어서, 그런 부분도 같이 짚어봐요. 마지막으로, 실제 클라우드 인프라에서 가상화 기술이 어떻게 활용되는지, 그리고 서버 가상화와 데스크톱 가상화가 어떻게 다른지도 비교해 볼 거예요. 이 장을 통해 클라우드의 기본이 되는 가상화 기술을 쉽게 이해할 수 있을 거예요.

2.1 가상화란 무엇인가?

클라우드를 이해하려면, 먼저 '가상화(Virtualization)'라는 개념부터 살펴보아야 해요. 왜냐하면 가상화는 오늘날 클라우드 인프라의 핵심을 이루는 가장 기초적인 기술이기 때문이에요.

가상화란 쉽게 말해, 하나의 물리적인 컴퓨터(서버)를 마치 여러 대의 독립된 컴퓨터처럼 나누어 쓰는 기술이에요. 하나의 CPU, 메모리, 디스크 같은 자원을 논리적으로 잘게 쪼개고, 각각을 서로 다른 실행 환경에 할당하는 방식이지요. 이렇게 하면, 물리적으로는 하나지만, 논리적으로는 여러 대의 가상 머신(Virtual Machine, VM)을 동시에 띄워서 각각 별개의 운영체제와 애플리케이션을 실행할 수 있어요.

이전에는 하나의 서버에 하나의 운영체제만 설치하는 것이 일반적이었어요. 예를 들어 웹 서버 하나를 설치하면, 그 서버는 오직 그 웹 서비스만을 위해 사용되었고, 나머지 자원들은 거의 놀고 있는 경우도 많았지요. CPU 사용률이 10%도 되지 않는 서버가 한두 대가 아니라 수십 대에 달했어요. 이처럼 자원이 낭비되니, 자연스럽게 전기 요금, 공간, 장비 비용도 크게 늘어났어요.

이러한 비효율을 해결하고자 등장한 것이 바로 가상화 기술이에요. 가상화는 하드웨어 자원을 쪼개어 더 효율적으로 쓸 수 있게 도와줘요. 서버에 하이퍼바이저(Hypervisor)라는 소프트웨어를 설치하면, 이 소프트웨어가 CPU, 메모리, 스토리지 등의 자원을 관리하고, 여러 개의 가상 머신에 나누어주는 역할을 해요.

각 가상 머신에는 운영체제를 따로 설치할 수 있어서, 윈도우와 리눅스가 같은 물리 서버 위에서 나란히 실행되는 것도 가능해요. 심지어 각각의 가상 머신은 서로를 전혀 모르기 때문에, 한쪽에서 문제가 생겨도 다른 쪽은 영향을 받지 않아요.

예를 하나 들어볼게요. 어떤 개발자가 Windows 노트북을 쓰고 있는데, 특정 서버 프로그램은 리눅스에서만 돌아가는 상황이라고 가정해 봐요.

이때 노트북 위에 리눅스 가상 머신을 하나 만들면, 따로 컴퓨터를 사지 않고도 리눅스 환경을 테스트해 볼 수 있어요. 개발자에게는 참 편리하고 경제적인 방법이죠.

또 다른 예로, 사내에서 테스트 환경을 만들고 싶을 때를 생각해 볼 수 있어요. 실제 서버를 새로 구매하고 설치하는 데에는 시간도 돈도 많이 들어요. 그런데 가상화를 이용하면, 몇 분 안에 새로운 테스트 서버를 하나 만들어 낼 수 있어요.

이처럼 가상화는 단지 자원을 잘게 나누는 기술을 넘어서, 시스템의 민첩성과 유연성을 크게 높여줘요. 문제가 생긴 가상 머신은 쉽게 복구할 수 있고, 백업이나 복제도 빠르고 간단해요. 서버를 옮기거나 새로운 환경을 만들 때도 훨씬 수월하지요.

오늘날 AWS, Azure, GCP와 같은 주요 클라우드 서비스는 대부분 이 가상화 기술을 바탕으로 동작해요. 사용자는 각자 독립적인 서버를 쓰는 것처럼 느끼지만, 실제로는 수많은 가상 머신이 하나의 거대한 하드웨어 클러스터 위에서 돌고 있는 거예요. 덕분에 사용자는 물리적인 제약에서 벗어나, 원하는 시점에 원하는 서버를 만들고 없앨 수 있게 되었어요.

> **참고** 클러스터란 어떤 목적을 위해 서로 연결된 두대 이상의 컴퓨터나 서버를 하나의 시스템처럼 구성한 집합체입니다. 이들은 서로 협력하여 작업을 나누어 처리하거나, 장애 발생시에 자동으로 대체되도록 설계되어 있어요.

정리하자면, 가상화는 '하나를 여러 개처럼 쓸 수 있게 해주는 기술'이에요. 이는 클라우드의 유연성과 확장성, 비용 효율성이라는 장점을 가능하게 하는 핵심 기반이기도 하지요. 앞으로 배우게 될 컨테이너, 서버리스, 자동화 같은 개념들도 모두 이 가상화의 개념 위에 쌓여 있으니, 이 부분을 잘 이해해 두는 것이 매우 중요하답니다.

2.2 하이퍼바이저의 종류

가상화 기술의 핵심에는 '하이퍼바이저(Hypervisor)'라는 소프트웨어가 있어요. 이 하이퍼바이저는 가상 머신이 실제 하드웨어 자원을 사용할 수 있도록 도와주는 관리자 역할을 해요. 가상의 CPU와 메모리, 디스크를 만들어주고, 이것이 실제 자원에서 적절히 작동하도록 중간에서 연결해주는 역할을 하지요.

그런데 이 하이퍼바이저는 어디에 설치되고, 어떻게 구성되느냐에 따라 두 가지 방식으로 나뉘어요. 하나는 'Type 1'이라 불리는 방식이고, 다른 하나는 'Type 2' 방식이에요. 두 방식 모두 가상화를 가능하게 해주지만, 구조와 사용 목적이 조금씩 다르답니다.

먼저 Type 1 하이퍼바이저는 '베어메탈(Bare Metal)' 방식이라고도 불러요. 이 방식은 물리 서버 위에 하이퍼바이저를 바로 설치하고, 그 위에서 가상 머신들을 실행시키는 구조예요. 말 그대로 아무것도 없는 하드웨어에 하이퍼바이저부터 올리는 것이지요. 중간에 일반적인 운영체제가 없이, 하이퍼바이저가 하드웨어를 직접 제어하는 구조다 보니 성능 면에서도 뛰어나고, 안정성도 높아요. 그래서 대형 데이터 센터나 기업용 서버 환경에서 많이 사용돼요. 대형 클라우드 사업자들도 이 방식을 기반으로 대규모 가상 머신을 운영하고 있지요.

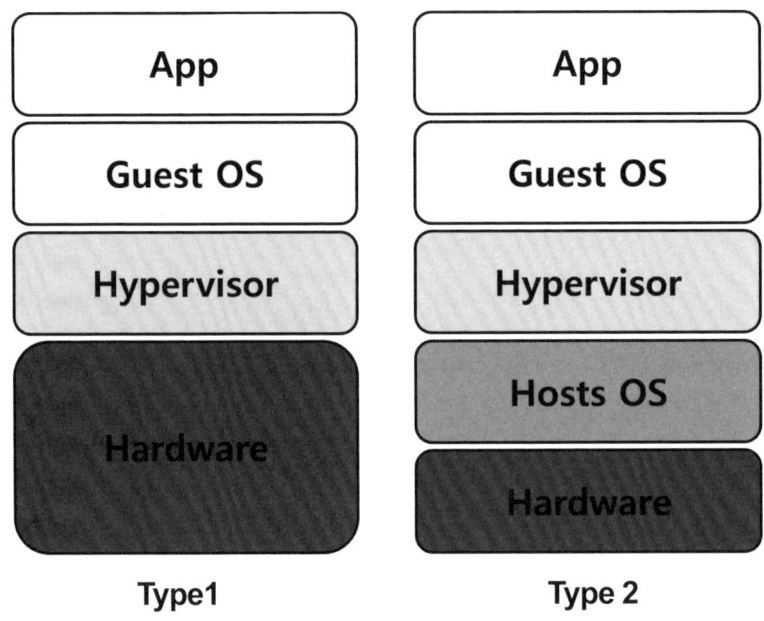

반면에 Type 2 하이퍼바이저는 우리가 일상적으로 사용하는 운영체제 위에서 실행되는 방식이에요. 즉, Windows나 macOS, 또는 Linux 같은 일반 운영체제가 먼저 깔려 있고, 그 위에 하이퍼바이저 소프트웨어를 설치하는 구조예요. 버추얼박스(VirtualBox)나 브이엠웨어 워크스테이션(VMware Workstation)처럼 개인용 컴퓨터에서 가상 머신을 쉽게 만들 수 있도록 해주는 도구들이 대부분 이 방식이에요. Type 2 방식은 설치가 간편하고 접근성이 좋아서, 주로 개인 개발자나 학습 목적의 사용자들이 실습이나 테스트 환경을 만들 때 자주 사용해요. 하지만 추가적인 운영체제가 올라가야 하는 구조이기 때문에, 성능이나 자원 효율 면에서는 Type 1에 비해 다소 불리할 수 있어요.

이렇게 보면 Type 1은 전문가용, 기업용, 고성능 환경에 어울리고, Type 2는 학습용이나 소규모 테스트 환경에 적합하다고 할 수 있어요. 하지만 두 방식 모두 가상화를 가능하게 해주는 핵심 기술이라는 점에서는 동일하고, 사용하는 목적과 환경에 따라 선택이 달라지는 것이지요.

하이퍼바이저는 단순히 소프트웨어라기보다는, 가상화라는 세계를 지탱하는 중요한 기둥이에요. 이 구조를 이해하고 나면, 클라우드 인프라가 어떤 원리로 작동하는지, 어떻게 자원이 동적으로 생성되고 관리되는지를 더 깊이 있게 이해할 수 있게 돼요. 가상 머신 하나를 만든다는 것이 결국 하이퍼바이저 위에 새로운 독립된 환경을 하나 더 띄우는 것이라는 사실, 이제는 조금 더 실감이 나지 않으시나요?

> **참고** 다양한 하이퍼바이저 구현체가 존재합니다.
>
> Type 1 하이퍼바이저로는 다음과 같은 제품이 있어요.
>
> | 제품명 | 설명 |
> |---|---|
> | VMware ESXi | 가장 널리 사용되는 상용 하이퍼바이저, vSphere 기반 |
> | Microsoft Hyper-V (Server Core) | Windows Server에 내장된 기업용 하이퍼바이저 |
> | KVM (Kernel-based Virtual Machine) | Linux 커널에 통합된 오픈소스 하이퍼바이저 |
> | Xen | 보안과 성능이 뛰어난 오픈소스 기반 |
> | Oracle VM Server | Xen 기반의 Oracle 하이퍼바이저 |

Type 2 하이퍼바이저로는 다음과 같은 제품이 있어요.

제품명	설명
VMware Workstation / Fusion	데스크톱에서 사용하는 VMware 제품군
Oracle VirtualBox	무료로 사용할 수 있는 범용 하이퍼바이저
Parallels Desktop	macOS에서 Windows 등의 OS를 실행할 수 있도록 지원
QEMU	오픈소스, 가상화 및 에뮬레이션 기능 모두 지원
Microsoft Hyper-V (Client)	Windows 10/11 Pro 이상에서 활성화 가능한 가상화 기능

다음 절에서는 그렇게 만들어진 가상 머신이 실제로 어떤 구성 요소를 가지고 있고, 어떻게 작동하는지를 살펴볼 거예요. 지금까지 하이퍼바이저의 개념이 머릿속에 잘 자리잡았다면, 가상 머신의 구조와 원리도 훨씬 쉽게 이해하실 수 있을 거예요.

2.3 가상 머신의 구성 요소와 작동 원리

이제 하이퍼바이저 위에서 작동하는 가상 머신(Virtual Machine, VM)에 대해 좀 더 깊이 들어가 보려고 해요. 우리는 앞에서 하나의 물리 서버 위에서 여러 가상 머신이 돌아갈 수 있다는 사실을 배웠어요. 하지만 구체적으로 그 가상 머신 안에는 어떤 것이 들어 있고, 실제로 어떻게 동작하는지는 아직 살펴보지 않았지요. 이번 절에서는 그 부분을 자세히 이야기해보려고 해요.

가상 머신은 말 그대로 '가상의 컴퓨터'예요. 우리가 사용하는 실제 컴퓨터처럼, 운영체제도 설치할 수 있고, 프로그램도 실행할 수 있으며, 네트워크도 연결돼요. 하지만 이 모든 것은 물리적으로 존재하지 않고, 하이퍼바이저에 의해 만들어진 논리적인 구조 안에서 이루어져요. 외형은 진짜 컴퓨터처럼 보이지만, 사실은 하드웨어를 흉내 낸 하나의 환경일 뿐이지요.

그렇다면 이 가상 머신 안에는 무엇이 들어 있을까요? 우선 가장 기본이 되는 것은 CPU예요. 실제 물리 CPU가 아니라, 하이퍼바이저가 만들어주는 '가상 CPU'를 사용하는데, 이를 우리는 보통 vCPU(Virtual CPU)라고 불러요. 하이퍼바이저는 물리 CPU 자원을 여러 vCPU로 나눠서 각 가상 머신에 할당해줘요. 예를 들어 물리 서버에 8코어 CPU가 있다면, 이를 나눠서 4대의 가상 머신에 2코어씩 배분할 수 있는 것이지요.

다음은 메모리예요. 이것도 마찬가지로 실제 메모리를 일정 크기만큼 잘라서 가상 머신에 할당해줘요. 이를 통해 각 가상 머신은 자신만의 메모리를 가지고 있는 것처럼 동작할 수 있어요. 실제로는 모두 같은 물리 메모리를 쓰고 있지만, 서로 간섭하지 않도록 철저히 격리되어 있어요.

그 외에도 가상 머신은 디스크도 가지고 있어요. 이 디스크는 진짜 하드디스크가 아니라, 보통은 하나의 파일로 구성돼 있어요. 이 파일 안에 운영체제도 설치되고, 애플리케이션도 설치되고, 데이터도 저장돼요. 가상 머신에게는 마치 진짜 하드디스크처럼 보이지만, 실제로는 그냥 호스트 머신에 존재하는 큰 파일이에요. 이 파일은 .vmdk, .vhdx, .qcow2 같은 형식으로 저장되며, 하이퍼바이저가 이를 하드디스크처럼 인식하도록 도와주는 거예요.

여기에 네트워크 카드도 포함되어 있어요. 물론 이것도 가상의 장치예요. 하이퍼바이저는 가상 머신마다 독립된 네트워크 어댑터를 만들어주

고, 이를 통해 다른 가상 머신이나 외부 네트워크와 통신할 수 있게 해줘요. 네트워크가 잘 구성되면, 다른 서버나 인터넷과 연결해 실제 서비스처럼 동작하게 되는 것이죠.

이처럼 하나의 가상 머신은 CPU, 메모리, 디스크, 네트워크라는 기본적인 컴퓨터 자원을 모두 갖추고 있어요. 그리고 이 모든 것은 가상으로 구성되어 있지만, 실제처럼 작동해요. 사용자는 가상 머신 안에 운영체제를 설치하고, 로그인해서 소프트웨어를 설치하거나 코드를 실행하거나, 웹 서비스를 띄울 수도 있어요. 물리적인 컴퓨터를 다루는 것과 전혀 다를 것이 없지요.

가상 머신의 또 다른 중요한 특징은 복제와 저장이 아주 간편하다는 점이에요. 왜냐하면 가상 머신은 결국 하나의 파일 묶음처럼 존재하기 때문이에요. 어떤 시점에 스냅샷을 찍으면, 그 상태를 그대로 저장해둘 수 있고, 필요할 때 복원할 수도 있어요. 운영체제를 새로 설치하지 않고도 기존 상태로 바로 돌아갈 수 있으니, 실수나 장애에 대응하기도 훨씬 수월하지요. 또한 백업과 복구도 파일 복사하듯 할 수 있어서, 관리 측면에서도 굉장히 유리해요.

> **참고** 스냅샷은 어떤 시스템이나 가상 머신의 지금 이 순간의 상태를 그대로 저장해 두는 기술이에요. 마치 사진을 찍듯이 현재의 모습인 운영체제의 상태, 저장된 데이터, 설정 값, 실행 중인 프로그램 등을 한꺼번에 기록해 두는 거죠.

예를 들어, 우리가 중요한 문서를 작성할 때 "혹시 실수하면 되돌아가야지" 하고 중간에 저장 버튼을 누르잖아요? 스냅샷도 비슷해요. 서버나 가상 머신을 운영하다가, 큰 변화를 주기 전에 "지금 상태를 잠깐 저장해두자"라고 할 때 사용하는 거예요. 그러면 나중에 문제가 생기더라도, 그 스냅샷을 불러와서 아무 일도 없던 것처럼 이전 상태로 복원할 수 있어요.

특히 새로운 프로그램을 설치하거나, 시스템 설정을 바꾸거나, 중요한 작업을 시도할 때 유용해요. 혹시나 문제가 생기더라도 "되돌리기" 한 번이면 되니까요.

스냅샷은 전체를 통째로 저장하기보다는, 변경된 부분만 효율적으로 저장하기 때문에 빠르고 공간도 덜 차지해요. 그래서 클라우드나 가상화 환경에서는 일상적으로 많이 활용돼요. 시스템을 더 안전하고 유연하게 관리할 수 있도록 도와주는 일종의 시간 정지 버튼 같은 거라고 보면 됩니다.

이런 방식 덕분에 가상 머신은 테스트 환경이나 개발 환경을 구성할 때에도 많이 사용돼요. 새로운 소프트웨어를 실험할 때, 실제 서버에 영향을 주지 않고 별도의 공간에서 자유롭게 테스트할 수 있기 때문이에요. 필요하면 가상 머신을 복사해서 팀원들과 공유할 수도 있고, 몇 개월 전에 저장해둔 상태로 다시 돌아가서 비교하거나 분석할 수도 있어요.

이제 가상 머신이 단순히 '하이퍼바이저 위에서 돌아가는 무언가'가 아니라, 진짜 컴퓨터처럼 작동하는 독립된 실행 환경이라는 점이 좀 더 와 닿으셨을 거예요. 우리는 이러한 구조 덕분에 클라우드 상에서 서버를 빠르게 만들고, 실험하고, 지우고, 다시 만들 수 있는 놀라운 유연성을 누릴 수 있어요.

다음 절에서는 이렇게 강력한 가상화 기술이 가진 장점과 함께, 간혹 간과되기 쉬운 단점에 대해서도 함께 살펴보려고 해요. 기술은 언제나 양면성을 가지기 마련이니까요. 이쯤에서 좀 더 자세히 살펴 보아도 좋겠지요?

2.4 가상화의 장단점

지금까지 가상화가 무엇인지, 또 가상 머신이 어떻게 구성되고 동작하는지를 살펴보았어요. 이제는 한 걸음 물러서서, 이 기술이 우리에게 어떤 이점을 주고 있는지, 또 그 과정에서 어떤 한계나 불편이 따르는지를 함께 생각해볼 차례예요. 기술은 언제나 장점만 있는 법은 없기 때문에, 가상화를 이해할 때에도 그 양면을 함께 살펴보는 것이 중요해요.

구분	장점	단점
자원 활용	하나의 서버에 여러 가상 머신을 실행하여 자원을 효율적으로 사용	여러 가상 머신이 자원을 공유하므로, 과도한 사용 시 자원 간섭 발생 가능
비용	물리 장비 수 감소 → 전력, 공간, 인건비 등 운영비 절감	일부 소프트웨어는 가상 환경에서 라이선스 비용 증가 가능성
배포 속도	가상 머신 생성·복제가 빠르고 스냅샷으로 쉽게 복구 가능	다수의 가상 머신을 운영·모니터링해야 하므로 관리 복잡성 증가
보안 및 격리	각 가상 머신 간 격리로 장애·보안 문제의 전파 차단	하이퍼바이저가 공격받을 경우 전체 시스템이 위협받을 수 있음
운영 유연성	테스트 환경을 손쉽게 구성하고 폐기 가능, 개발·운영 민첩성 향상	고성능이 필요한 작업에는 물리 서버 대비 성능 저하 가능

가장 먼저 떠오르는 가상화의 장점은 자원의 효율적인 활용이에요. 예전에는 하나의 서버에 하나의 애플리케이션만 설치하는 것이 일반적이었어요. 운영체제 하나를 올리고, 그 위에 웹 서버 하나를 띄우는 식이었지요. 그런데 이렇게 하면 CPU는 대부분 한가하고, 메모리는 절반도 쓰지 못한 채 놀고 있는 경우가 많았어요. 서버 한 대당 전기, 냉각, 공간, 관리 인건비까지 들어가는데, 자원은 그만큼 활용되지 않으니 낭비가 많았던 셈이지요.

가상화는 이러한 비효율을 크게 줄여주었어요. 하나의 물리 서버를 여러 개의 가상 머신으로 나누어, 서로 다른 서비스나 용도로 활용할 수 있게 되었기 때문이에요. 이렇게 하면 자원을 빈틈없이 활용할 수 있고, 결과적으로 같은 업무를 수행하는 데 드는 물리 장비 수를 크게 줄일 수 있어요. 이는 곧 장비 구매 비용, 데이터센터 공간, 전력 소비, 운영 관리 비용까지도 함께 절감할 수 있다는 의미가 되지요.

또한 가상 머신은 생성과 복제가 매우 빠르고 간편하다는 점에서 큰 장점이 있어요. 새로운 테스트 환경이 필요할 때, 물리 장비를 새로 구매하거나 운영체제를 일일이 설치할 필요 없이, 단 몇 분 만에 새로운 가상 머신을 만들어 사용할 수 있어요. 특정 시점의 상태를 스냅샷으로 저장하고, 필요할 때 그 상태로 되돌릴 수도 있고요. 덕분에 개발자들은 훨씬 민첩하게 실험하고, 운영팀은 더 빠르게 문제를 해결하거나 복구할 수 있게 되었어요.

가상 머신 간의 격리성도 중요한 장점이에요. 각각의 가상 머신은 독립된 환경에서 실행되기 때문에, 하나의 가상 머신에서 발생한 오류나 침해가 다른 가상 머신에 직접적인 영향을 주지는 않아요. 이는 특히 보안 측면에서 큰 의미를 가지지요. 서로 다른 고객의 서비스를 같은 물리 장비 위에 올려야 하는 클라우드 서비스에서는 이러한 격리성이 매우 중요한 기반 기술이기도 해요.

하지만 모든 기술이 그렇듯, 가상화에도 단점은 있어요. 가장 먼저 고려해야 할 것은 성능이에요. 가상 머신은 결국 하이퍼바이저라는 중간 계층을 거쳐야 하므로, 물리 장비를 직접 사용하는 것보다는 성능 면에서 손해를 볼 수밖에 없어요. 하이퍼바이저가 아무리 경량화되어 있다고 해도, 물리 자원을 여러 가상 머신이 나누어 쓰고 있다는 사실은 변하지 않기 때문에, 고성능이 절대적으로 필요한 일 처리에는 불리할 수 있어요.

또한 복잡성의 증가도 무시할 수 없어요. 물리 장비 한 대에 여러 가상 머신이 돌아가다 보면, 각각의 가상 머신을 모니터링하고, 자원 할당을 조절하고, 장애를 탐지하고 대응하는 일이 훨씬 더 복잡해져요. 예를 들

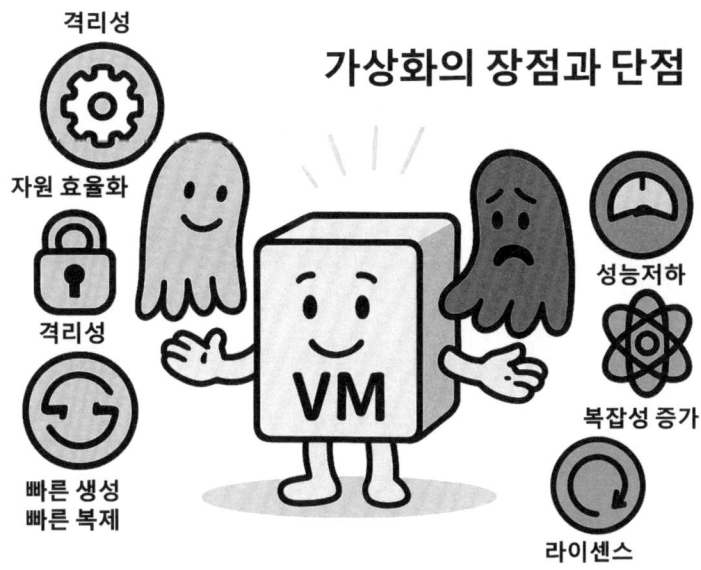

2. 가상화 기술의 이해

어 한 가상 머신에서 CPU 사용량이 갑자기 급증하면, 같은 서버에 있던 다른 가상 머신의 성능은 떨어질 수 있어요. 자원을 얼마나 공정하게 분배하고, 우선순위를 어떻게 설정할지에 대한 고민이 필요해지는 거예요.

보안 측면에서도 '하이퍼바이저 자체가 공격 대상이 될 수 있다'는 점은 또 다른 고려사항이에요. 만약 하이퍼바이저에 치명적인 취약점이 생긴다면, 그 위에 올라간 모든 가상 머신이 함께 위험해질 수 있어요. 그래서 클라우드 서비스 제공자들은 하이퍼바이저 보안 패치를 매우 철저하게 관리하고 있고, 가상 머신끼리의 격리 수준을 계속해서 높이려는 노력을 기울이고 있지요.

그리고 마지막으로, 라이선스나 정책적인 문제도 가상화 환경에서는 고민거리가 될 수 있어요. 어떤 소프트웨어는 물리 CPU 기준으로 라이선스를 부여하는 경우가 있는데, 가상 머신 위에서 돌릴 때에는 라이선스 수량이나 가격이 달라질 수 있어요. 가상 환경에서의 라이선싱을 정확히 이해하고 적용하는 것도 실무에서는 중요한 일 중 하나예요.

이렇게 보면, 가상화는 자원을 효율적으로 활용하고, 유연하고 빠른 시스템 운영을 가능하게 해주는 매우 강력한 기술이지만, 동시에, 성능, 복잡성, 보안, 라이선스 같은 문제도 함께 가지고 있어요. 중요한 건 이 기술의 장점과 단점을 균형 있게 이해하고, 상황에 맞게 적절히 활용하는 것이겠지요.

다음 절에서는 이러한 가상화 기술이 실제 클라우드 인프라에서 어떻게 적용되는지를 살펴볼 거예요. 지금까지 배운 개념들이 현실에서 어떻게 쓰이고 있는지를 함께 보면서, 이 기술의 실체에 한 발 더 가까이 다가가 보도록 할게요.

2.5 클라우드 인프라에서의 가상화 적용 방식

지금까지 가상화의 원리와 구조, 그리고 장단점에 대해 살펴보았어요. 이제는 우리가 실제로 사용하고 있는 클라우드 서비스에서 이 가상화 기술이 어떻게 적용되고 있는지를 살펴볼 차례예요. 우리가 웹 브라우저를 통해 클릭 몇 번으로 서버를 만들거나, 버튼 하나로 수십 개의 인스턴스를 띄우는 일이 가능해진 것은 사실 모두 이 가상화 덕분이에요.

클라우드 인프라에서는 물리적인 서버 수천, 수만 대가 하나의 거대한 자원 풀처럼 운영돼요. 이 자원 풀 위에 하이퍼바이저가 설치되어 있고, 그 위에서 수많은 가상 머신들이 생성되고 삭제되기를 반복하고 있어요. AWS, Azure, GCP와 같은 클라우드 제공자들은 바로 이 가상화 기반 인프라 위에서 서비스를 구성하고, 우리가 필요할 때마다 서버를 임대하듯 사용할 수 있게 만들어 준 거예요.

예를 들어, AWS에서는 EC2라는 가상 머신 서비스를 제공해요. 사용자는 웹 콘솔이나 명령줄 도구를 이용해서 인스턴스를 생성할 수 있는데, 이 인스턴스 하나가 바로 가상 머신이에요. EC2 인스턴스를 만들 때, 사용자는 어떤 운영체제를 설치할지, CPU는 몇 개를 쓸지, 메모리는 얼마나 할당할지를 직접 선택할 수 있어요. 이 모든 작업은 사실상 하이퍼바이저를 통해 새로운 가상 머신을 하나 만들어내는 일이지만, 사용자는 그 복잡한 과정을 전혀 알 필요가 없고, 클릭 몇 번이면 끝나는 것이지요.

이처럼 클라우드에서는 하드웨어 자체를 사용자에게 직접 노출하지 않아요. 대신 그 위에서 생성된 가상 머신, 즉 '인스턴스(instance)' 단위로 자원을 제공해요. 사용자 입장에서는 마치 진짜 서버를 하나 할당받은 것처럼 보이지만, 실제로는 하나의 물리 서버 위에서 수십 개, 많게는 수백 개의 가상 머신이 함께 돌아가고 있는 구조예요.

뿐만 아니라, 클라우드 인프라에서는 이 가상 머신들을 자동으로 배치하고, 필요에 따라 늘리거나 줄이는 작업도 자동화되어 있어요. 우리가 '오토스케일링(Auto Scaling)'이라는 기능을 설정해 두면, 트래픽이 늘어날 때 자동으로 가상 머신의 수를 늘려주고, 다시 줄어들면 남는 인스턴스를 제거해요. 이 모든 일들이 배후에서 하이퍼바이저와 오케스트레이터에 의해 진행되고 있어요. 사용자는 단지 정책만 정해주면 되고, 실제 인프라의 가동과 정지는 자동으로 처리되는 것이지요.

가상화는 클라우드 인프라에 확장성과 유연성을 선물해 주었어요. 덕분에 오늘날 우리는 서버를 소유하지 않고도, 마치 전기처럼 필요한 만큼만 빌려서 쓸 수 있게 되었어요. 이것이 바로 클라우드의 '인프라형 서비스(IaaS)' 모델의 핵심이에요. 물리 서버를 구매하거나 직접 설치하지 않아도 되고, 유지보수나 전원, 냉각, 네트워크 연결 같은 고민도 할 필요 없어요. 필요한 시점에, 필요한 사양의 서버를 선택해서 몇 분 만에 바로 사용할 수 있는 세상이 열린 것이지요.

그뿐만 아니라, 가상화는 클라우드에서 보안과 격리성, 장애 대응에도 핵심 역할을 하고 있어요. 특정 인스턴스에 문제가 생기면, 다른 인스턴스에는 영향을 주지 않도록 완전히 분리되어 있어요. 그리고 장애가 발생한 가상 머신을 자동으로 감지하고, 새로운 가상 머신을 자동으로 띄우는 기능도 기본적으로 갖추고 있어요. 이런 구조 덕분에 대규모 서비스도 안정적으로 운영할 수 있는 기반이 마련된 것이지요.

가상화 기술이 없다면, 오늘날의 클라우드 컴퓨팅은 지금과 같은 형태로 존재하기 어려웠을 거예요. 그것은 단지 물리 자원을 쪼개는 기술이 아니라, IT 인프라 전체의 사용 방식과 사고 방식을 완전히 바꾸어 놓은 혁신적인 변화였어요. 사용자는 더 이상 하드웨어의 제약에 얽매이지 않고, 필요한 만큼 자원을 요청하고, 쓰고, 반납할 수 있게 되었어요.

이제 우리는 클라우드 인프라의 출발점에 있는 가상화 기술을 이해하게 되었어요. 앞으로 살펴볼 컨테이너 기술이나 서버리스 구조도 결국 이 가상화 기반 위에서 확장되고 발전해온 개념이에요. 그러니 이 가상화의 흐름을 잘 이해하는 것이, 클라우드를 진짜로 잘 활용할 수 있는 첫걸음이랍니다.

2.6 데스크톱 가상화와 서버 가상화

가상화 기술은 사용하는 대상에 따라 여러 가지 방식으로 발전해 왔어요. 그중에서도 많이 비교되는 것이 바로 서버 가상화와 데스크톱 가상화예요. 이 두 가지는 기술적으로는 유사한 기반 위에서 작동하지만, 실제 활용 목적과 사용자 경험, 도입 환경은 매우 달라요. 가상화라는 하나의 큰 흐름 안에서 이 두 가지가 어떤 차이를 갖고 있는지를 이해하면, 전체적인 맥락을 파악하는 데 도움이 돼요.

서버 가상화는 하나의 물리 서버를 여러 개의 논리적인 서버처럼 나누어 쓰는 방식이에요. 예를 들어 하나의 고성능 장비에 웹 서버, 데이터베이스 서버, 애플리케이션 서버를 각각 다른 가상 머신으로 설치하면, 서로 독립적인 환경에서 돌아가면서도 자원을 효율적으로 나눠 쓸 수 있어요. 이 방식은 IT 인프라 관리의 유연성을 높이고, 장애의 전파를 막아주며,

장비 활용률도 높여줘요. 클라우드 서비스에서 흔히 볼 수 있는 가상 머신 인스턴스들이 바로 이 서버 가상화의 결과예요.

데스크톱 가상화는 조금 다른 방향이에요. 이 방식은 사용자의 개인 컴퓨터 환경, 즉 데스크톱을 가상 머신으로 만든 후, 이를 원격으로 접속해서 사용하는 구조예요. 사용자는 자신의 노트북이나 태블릿, 혹은 집에 있는 컴퓨터로 회사의 가상 데스크톱에 접속해, 사무실에서 하던 그대로의 작업 환경을 사용할 수 있어요. 모든 프로그램, 설정, 문서가 그대로 유지되기 때문에, 어디서든 동일한 업무 환경을 유지할 수 있는 장점이 있어요. 특히 VDI(Virtual Desktop Infrastructure)라는 이름으로 잘 알려져 있고, 보안과 중앙 집중 관리가 필요한 기업 환경에서 많이 사용돼요.

두 방식의 가장 큰 차이는 목적과 대상이에요. 서버 가상화는 주로 '서비스 제공'을 위한 것이고, 데스크톱 가상화는 '사용자 작업 환경'을 위한 거예요. 서버 가상화에서는 하나의 장비에 여러 서버 역할을 나눠서 배치하고, 자동화나 배포 효율성에 중점을 둬요. 반면 데스크톱 가상화는 각 사용자가 동일한 환경을 안정적으로 사용할 수 있도록 도와주는 데 초점이 맞춰져 있어요.

기술적으로도 몇 가지 차이가 있어요. 서버 가상화는 대체로 그래픽 사용자 인터페이스(GUI)를 많이 사용하지 않고, 커맨드라인 인터페이스(CLI) 기반의 운영체제와 백엔드 시스템을 중심으로 돌아가요. 반면 데스크톱 가상화는 사용자가 화면을 보고 마우스와 키보드로 조작하는 환경이라서, 그래픽 처리와 네트워크 지연에 민감해요. 따라서 데스크톱 가상화 환경에서는 GPU 가상화 기술이나 저지연 네트워크 구성 같은 추가적인 고려가 필요해요.

현장에서의 사례를 보면, 병원, 금융기관, 공공기관 등에서는 데스크톱 가상화를 통해 보안성과 통제를 강화하고 있어요. 예를 들어, 병원의 의사가 진료실이 아닌 장소에서도 환자 정보를 확인해야 할 경우, 로컬에 데이터를 저장하지 않고 중앙 서버에 있는 데스크톱 환경에 접속하도록 구성하면, 보안 문제를 크게 줄일 수 있어요. 반대로 스타트업이나 개발 팀처럼 다양한 서비스를 빠르게 구축하고자 하는 팀에서는 서버 가상화를 통해 필요한 만큼 서버를 생성하고, 테스트하고, 다시 없애는 작업을 효율적으로 반복할 수 있어요.

비용 구조도 달라요. 서버 가상화는 서버 단위로 확장하거나 줄이는 데 초점이 맞춰져 있고, 데스크톱 가상화는 사용자 수와 동시 접속 가능성, 환경 유지 관리에 따른 비용이 중요하게 작용해요. 또한 데스크톱 가상화는 라이선스와 사용자 수의 증가에 따라 초기 투자비가 커질 수 있기 때문에, 기업에서는 IT 부서의 관리 효율성과 전체 유지 비용을 함께 고려해야 해요.

항목	데스크톱 가상화 (Desktop Virtualization)	서버 가상화 (Server Virtualization)
가상화 대상	사용자 개별 데스크톱 환경 (UI, 앱 포함)	서버의 운영체제와 자원 (CPU, RAM 등)
주요 목적	언제 어디서나 동일한 데스크톱 환경 제공	하나의 물리 서버를 여러 가상 머신으로 분할
사용자 대상	일반 사용자, 사무직, 원격 근무자	서버 관리자, 개발자, 시스템 운영자
주 사용 환경	원격근무, 보안이 중요한 사무환경 (VDI 등)	데이터센터, 클라우드 인프라
자원 할당 방식	사용자마다 개별 데스크톱 가상 머신 제공	각 서비스마다 별도의 서버 가상 머신 제공
장점	중앙 관리, 보안 강화, 원격 근무 최적화	서버 통합, 자원 효율화, 비용 절감

이처럼 서버 가상화와 데스크톱 가상화는 가상화를 활용하는 방향은 같지만, 실제 목적과 기술적 구현, 사용자 경험 면에서는 분명한 차이를 보여줘요. 각각의 특성과 쓰임새를 잘 이해하고 나면, 이후에 클라우드 인프라를 설계하거나 가상 환경을 선택할 때 훨씬 현실적인 판단을 내릴 수 있게 될 거예요.

핵심개념 퀴즈

1. 가상화(Virtualization)란 무엇인지 간략하게 설명해 주세요.

2. 가상화 기술의 핵심 관리자 역할을 하는 소프트웨어의 이름은 무엇인가요?

3. Type 1 하이퍼바이저 방식은 물리 서버 위에 무엇을 먼저 설치하고 가상 머신을 실행하는 구조인가요?

4. VirtualBox나 VMware Workstation과 같이 일반 운영체제 위에 설치되는 하이퍼바이저의 종류는 무엇인가요?

5. 가상 머신(VM) 안에서 물리 CPU 자원을 논리적으로 분할하여 할당하는 가상 CPU를 무엇이라고 부르나요?

6. 가상 머신이 사용하는 디스크는 보통 물리적인 하드디스크가 아니라 어떤 형태로 존재하나요?

7. 가상화 기술이 등장하게 된 주요 배경 중 하나는 무엇이었나요?

8. 가상화 기술의 가장 큰 장점 중 하나인 자원 활용 효율성 측면에서 어떤 이점이 있나요?

9. 가상화의 단점 중, 물리 장비를 직접 사용하는 것보다 성능 저하가 발생할 수 있는 이유는 무엇인가요?

10. 클라우드 서비스에서 사용자가 인스턴스를 생성하는 것은 가상화 기술과 어떤 관련이 있나요?

11. 사용자의 개인 컴퓨터 환경을 가상 머신으로 만들어 원격 접속하여 사용하는 방식을 무엇이라고 부르나요?

정답

1. 가상화는 하나의 물리적인 컴퓨터(서버) 자원(CPU, 메모리, 디스크 등)을 논리적으로 분할하여 마치 여러 대의 독립된 컴퓨터처럼 사용할 수 있게 해주는 기술입니다. 이를 통해 여러 대의 가상 머신(VM)을 동시에 운영할 수 있습니다.

2. 가상화 기술의 핵심 관리자 역할을 하는 소프트웨어는 하이퍼바이저(Hypervisor)입니다. 하이퍼바이저는 가상 머신이 실제 하드웨어 자원을 사용할 수 있도록 중개하고 관리하는 역할을 합니다.

3. Type 1 하이퍼바이저는 '베어메탈(Bare-metal)' 방식이라고도 불리며, 물리 서버(하드웨어) 위에 운영체제 없이 하이퍼바이저를 바로 설치하고 그 위에서 가상 머신들을 실행하는 구조입니다.

4. 일반 운영체제(Windows, macOS, Linux 등) 위에 설치되어 실행되는 하이퍼바이저의 종류는 Type 2 하이퍼바이저입니다. VirtualBox나 VMware Workstation이 이에 해당합니다.

5. 가상 머신 안에서 물리 CPU 자원을 논리적으로 분할하여 각 가상 머신에 할당하는 가상 CPU를 vCPU(Virtual CPU)라고 부릅니다.

6. 가상 머신이 사용하는 디스크는 실제 하드디스크가 아니라, 보통 호스트 머신의 파일 시스템 안에 존재하는 하나의 파일(예: .vmdk, .vhdx, .qcow2 형식) 형태로 구성됩니다.

7. 가상화 기술이 등장하게 된 주요 배경 중 하나는 과거에 하나의 물리 서버에 하나의 운영체제와 하나의 애플리케이션만 설치하여 자원(CPU, 메모리 등)의 사용률이 매

우 낮고 낭비가 심했던 비효율성 문제를 해결하기 위함이었습니다.

8. 가상화는 하나의 물리 서버 자원을 여러 가상 머신이 공유하여 사용할 수 있게 함으로써, 물리 장비 수를 줄이고 장비 구매, 공간, 전력 소비, 운영 관리 비용 등을 절감하여 자원을 효율적으로 활용할 수 있다는 이점이 있습니다.

9. 가상 머신은 물리 장비를 직접 사용하는 것이 아니라, 하이퍼바이저라는 중간 계층을 통해 하드웨어 자원에 접근하므로, 이 과정에서 약간의 오버헤드가 발생하여 성능 저하가 일어날 수 있습니다.

10. AWS의 EC2 인스턴스는 클라우드 제공자가 대규모 물리 서버 클러스터 위에 가상화 기술(주로 Type 1 하이퍼바이저 기반)을 사용하여 생성하고 관리하는 가상 머신입니다. 사용자가 인스턴스를 생성하는 것은 클라우드 인프라 위에서 가상 머신을 할당받아 사용하는 것을 의미합니다.

11. 사용자의 개인 컴퓨터 환경을 가상 머신으로 만들어 중앙 서버에 두고, 사용자는 원격으로 접속하여 사용하는 방식을 데스크톱 가상화라고 부릅니다. 이는 VDI라고도 불립니다.

요약

- 가상화는 하나의 물리적인 컴퓨터를 여러 대의 독립된 컴퓨터처럼 나누어 쓰는 기술입니다.

- 가상화는 자원의 낭비를 줄이고, 전기 요금, 공간, 장비 비용을 절감할 수 있습니다.

- 하이퍼바이저는 가상 머신이 실제 하드웨어 자원을 사용할 수 있도록 도와주는 소프트웨어입니다.

- 가상 머신은 가상 CPU, 메모리, 디스크, 네트워크 카드를 포함하여 실제 컴퓨터처럼 작동합니다.

- 가상화는 자원의 효율적인 활용, 생성과 복제의 간편함, 가상 머신 간의 격리성 등의 장점이 있습니다.

- 가상화는 성능 저하, 복잡성 증가, 하이퍼바이저의 보안 취약점 등의 단점도 있습니다.

- 클라우드 인프라에서는 물리적인 서버 수천, 수만 대가 하나의 자원 풀처럼 운영됩니다.

- 클라우드 서비스는 가상화 기반 인프라 위에서 제공됩니다.

- 서버 가상화는 하나의 물리 서버를 여러 개의 논리적인 서버처럼 나누어 쓰는 방식입니다.

- 데스크톱 가상화는 사용자의 개인 컴퓨터 환경을 가상 머신으로 만들어 원격으로 접속하여 사용하는 방식입니다.

03

컨테이너의 개념과 활용

이 장에서는 현대 애플리케이션 개발과 운영에서 빼놓을 수 없는 핵심 기술인 '컨테이너'에 대해 다뤄볼 거예요. 먼저, 컨테이너가 기존의 가상 머신과 어떻게 다른지, 왜 더 빠르고 가볍게 실행될 수 있는지 살펴봐요. 그리고 컨테이너를 대중화시킨 도구인 도커(Docker)가 어떤 방식으로 개발자와 운영자 모두의 작업을 더 쉽게 만들어줬는지도 함께 알아봐요. 또, 컨테이너가 몇 개만 있으면 괜찮지만, 수십 개에서 수백 개로 늘어나면 관리가 정말 어려워지거든요. 그래서 이런 상황을 자동으로 관리해주는 컨테이너 오케스트레이션 기술, 특히 쿠버네티스(Kubernetes)에 대해서도 설명할 거예요. 마지막으로는 컨테이너보다도 더 추상화된 구조인 '서버리스 컴퓨팅(Serverless computing)'과, 이벤트가 발생할 때만 작동하는 '이벤트 기반 아키텍처(Event driven architecture)'까지 함께 다루면서, 클라우드 시대의 실행 환경이 어떻게 진화해왔는지 전체 흐름을 함께 정리해보려고 해요.

3.1 컨테이너란 무엇인가?

가상화 기술이 클라우드 인프라의 기본 뼈대를 만든다면, 그 위에서 현대적인 애플리케이션을 구성하는 가장 핵심적인 기술 중 하나는 바로 컨테이너(Container)예요.

컨테이너라는 단어를 들으면, 우리는 보통 무언가를 담는 용기를 떠올리게 되죠. 실제로 기술적인 의미의 컨테이너도 비슷한 개념이에요. 컨테이너는 애플리케이션과 그 애플리케이션을 제대로 수행하기 위해 필요한 라이브러리, 설정 파일, 실행 환경 등을 한데 묶은 독립적인 실행 단위예요. 다시 말해, '이 안에 들어 있는 애플리케이션은 어떤 환경에서도 항상 동일하게 실행될 수 있도록' 만들어진 작고 독립적인 패키지인 거예요.

이 구조는 기존의 가상 머신 방식과는 많이 달라요. 가상 머신은 물리적인 하드웨어 위에 전체 운영체제를 가상화한 다음, 그 위에 애플리케이션을 올리는 구조예요. 그래서 무겁고, 시작 속도도 느리고, 리소스를 많이 차지해요. 예를 들어 웹 서버 하나를 돌리기 위해 운영체제를 통째로 올리는 셈이니, 비용도 크고 복잡도도 높아질 수밖에 없죠.

반면에 컨테이너는 운영체제 커널은 공유하고, 그 위에 필요한 실행 파일만을 얹어서 돌아가는 구조예요. 컨테이너는 '가볍고 빠른 가상 머신'이 아니라, 전혀 다른 형태의 실행 단위인거죠. 실행 속도가 빠르고, 부팅 시간이 거의 없으며, 메모리나 디스크 같은 자원도 훨씬 적게 사용해요. 게다가 동시에 수십 개, 수백 개의 컨테이너를 실행해도 물리 서버에 큰 부담을 주지 않아요.

무엇보다 컨테이너의 가장 큰 장점은 이식성(portability)이에요. 예를 들어, 개발자가 자신의 노트북에서 만든 애플리케이션이 있다고 가정해봐요. 이 애플리케이션을 서버에 배포하려고 할 때, 서버에 설치된 운영체제나 라이브러리 버전이 다르면 에러가 나거나 동작하지 않을 수 있어

요. 하지만 컨테이너로 패키징을 하면, 이 애플리케이션은 어디서 실행하든 똑같이 동작해요. 실행 환경이 컨테이너 내부에 그대로 들어 있기 때문에, 외부 환경의 영향을 받지 않거든요. 이건 개발자뿐만 아니라 운영자에게도 큰 안정감을 주는 요소예요.

컨테이너는 속도도 빠르지만, 생명 주기가 짧다는 점도 특징이에요. 필요한 순간에 실행되고, 필요 없으면 바로 사라져요. 마치 무대에 올라왔다가 역할이 끝나면 사라지는 배우처럼, 짧고 빠르게 일하고 사라지는 존재죠. 이런 특성은 특히 트래픽이 들쑥날쑥한 서비스나, 반복적으로 실행되는 작업(batch job)에 잘 어울려요. 예를 들어, 하루에 한 번만 돌아가는 데이터 정리 프로그램을 실행하는데, 이를 위해 전용의 가상 머신을 계속 켜두는 건 낭비잖아요. 이런 작업은 컨테이너로 구성해두고, 필요할 때만 띄웠다가 작업이 완료되면 바로 제거하면 돼요.

또한 컨테이너는 서로 격리되어 있어요. 같은 서버 위에 여러 개의 컨테이너가 떠 있어도, 기본적으로는 서로의 내부 구조를 알 수 없고, 간섭하지 않아요. 물론 필요하면 네트워크나 볼륨을 통해 서로 연결되게 할 수도 있지만, 기본값은 철저한 분리예요. 이건 보안 측면에서도 큰 장점이에요. 하나의 컨테이너에서 문제가 생겨도, 나머지 서비스에 영향을 주지 않도록 설계할 수 있어요.

오늘날 클라우드에서는 다양한 서비스가 컨테이너 기반으로 구성되고 실행되고 있어요. 특히 마이크로서비스 아키텍처처럼, 애플리케이션을 여러 개의 작은 기능 단위로 나누어 배포하는 방식에서는 컨테이너가 사실상 필수예요. 각각의 기능을 독립된 컨테이너로 운영하면, 배포 속도도 빨라지고, 장애 영향 범위도 최소화할 수 있기 때문이에요.

즉, 컨테이너는 단순히 '애플리케이션 실행 도구'가 아니라, 현대적인 소프트웨어 운영 철학을 구현하기 위한 핵심 단위예요. 앞으로 다룰 도커, 쿠버네티스 같은 기술들도 모두 이 컨테이너를 중심으로 돌아가요. 컨테이너의 개념과 구조를 잘 이해하면, 이후의 학습도 훨씬 수월해질 거예요.

3.2 도커를 중심으로 본 컨테이너 생태계

앞 절에서 살펴본 것처럼, 컨테이너는 빠르고 가벼우며, 언제 어디서나 동일하게 실행될 수 있는 일관된 애플리케이션 실행 환경이에요. 이 개념은 오래전부터 존재해왔지만, 지금처럼 널리 쓰이게 된 데에는 도커(Docker)라는 도구의 등장이 결정적인 역할을 했어요.

도커는 컨테이너 기술을 처음 만든 것은 아니에요. 리눅스 운영체제에는 오래전부터 chroot, cgroups, namespaces 같은 격리 기술이 존재했고, 이들을 조합하면 이론적으로 컨테이너 같은 환경을 만들 수 있었어요. 하지만 이 기술들은 너무 복잡하고 다루기 어려워서, 일반 개발자나 운영자가 실무에 적용하기는 힘들었어요.

그런 상황에서 도커는 이 복잡한 기술들을 하나의 도구로 통합하고, 사용자가 손쉽게 컨테이너를 만들고 배포할 수 있도록 추상화해줬어요. 마치 리눅스 커널이 존재하긴 했지만 우분투나 CentOS 같은 운영체제가 있어야 우리가 손쉽게 쓸 수 있었던 것처럼, 도커는 기존 기술 위에 '현실적으로 잘 쓸 수 있는 인터페이스'를 만들어 준거죠.

도커를 이용하면, 텍스트 기반의 설정 파일 하나(Dockerfile)를 통해 이미지라는 실행 설계도를 만들 수 있어요. Dockerfile에는 어떤 운영체제를 기반으로 할지, 어떤 파일을 복사하고, 어떤 명령어를 실행할지 등을 단

계별로 작성해요. 이 Dockerfile을 바탕으로 docker build 명령을 실행하면, 하나의 이미지 파일이 생성돼요. 이 이미지는 실행 가능한 형태의 컨테이너 템플릿이고, docker run 한 줄만으로 바로 컨테이너를 띄울 수 있어요.

운영자나 DevOps 엔지니어 입장에서도 도커는 자동화에 큰 도움을 줬어요. 배포는 더 이상 애플리케이션 파일을 서버에 복사하고 설정을 맞추는 일이 아니라, 하나의 이미지를 가져다 실행하는 일로 바뀌었어요. 서버를 교체하거나 확장할 때에도 기존 환경을 다시 설치할 필요 없이, 그냥 컨테이너 이미지를 복사해서 실행하기만 하면 됐어요. 이것은 무중단 배포, 롤백, 스테이징 환경 자동 생성 같은 현대적인 운영 패턴을 가능하게 만들었어요.

이렇게 도커가 중심이 되어 컨테이너 기술이 대중화 되자, 이를 둘러싼 다양한 생태계도 빠르게 성장했어요. 먼저, 이미지를 저장하고 공유할 수 있는 레지스트리(Registry)라는 도구가 생겼죠. 우리가 코드를 깃허브(GitHub)에 저장하고 공유하듯, 도커 이미지는 도커 허브(Docker Hub) 같은 저장소에 올려서 팀원들과 공유하거나, 전 세계 누구나 다운로드받아 사용할 수 있어요. 예를 들어 "Node.js가 설치된 리눅스 환경", "MySQL이 기본 설치된 컨테이너" 같은 이미지를 공개해두면, 다른 사람은 그걸 바로 가져다 쓸 수 있는 거죠.

또한 도커는 단일 컨테이너를 실행하는 데 그치지 않고, 여러 개의 컨테이너를 조합해서 하나의 애플리케이션을 구성할 수 있도록 기능이 발전되었어요. 웹 서버 + 데이터베이스 + 메시지 큐 이렇게 세 개의 서비스를 따로따로 띄우는 게 아니라, 하나의 설정 파일로 동시에 띄우는 방식이에요. 이는 복잡한 애플리케이션을 여러 모듈로 나누어 개발하는 마이크로서비스 환경에 특히 잘 맞아요.

하지만 컨테이너의 수가 늘어나고, 서버 수십 대에서 동시에 운영해야 하는 상황이 되면, 도커만으로는 부족해지기 시작해요. 이때는 쿠버네티스 같은 오케스트레이션 도구가 필요해져요. 컨테이너를 '운영하는 기술'이 도커였다면, 컨테이너를 '관리하고 배치하는 기술'은 쿠버네티스 같은 도구가 담당하는 거예요. 이 부분은 이어지는 절에서 더 자세히 다룰 예정이에요.

지금까지의 흐름을 보면 알 수 있듯이, 도커는 단순한 실행 도구가 아니라 컨테이너 생태계를 연 기폭제 역할을 했어요. 이를 통해 개발자는 코드를 넘어서 실행 환경을 포함한 전체 애플리케이션을 구성 가능한 단위로 다루게 되었고, 운영자는 인프라를 훨씬 더 유연하고 안정적으로 관리할 수 있게 되었어요.

오늘날에는 모든 컨테이너 기술이 도커만 사용하는 건 아니지만, 여전히 가장 널리 쓰이고 있고, 컨테이너를 처음 접할 때 가장 자연스럽게 배울 수 있는 도구예요. 앞으로 컨테이너 기술을 더 깊이 이해하고 활용하려면, 도커의 기본 개념과 활용 방법을 익히는 것이 가장 좋은 출발점이에요.

3.3 컨테이너와 가상 머신

컨테이너라는 기술이 빠르게 퍼지면서 자연스럽게 많은 분들이 이런 질문을 하게 돼요. "그럼 이제 가상 머신은 안 써도 되는 걸까?", "컨테이너가 더 새롭고 좋다던데, 기존의 가상 머신은 왜 여전히 쓰이고 있지?"

이런 궁금증은 아주 자연스러운 것이고, 실제로 두 기술은 겉보기엔 비슷하지만, 동작 방식부터 용도까지 전혀 다른 특징을 가지고 있어요. 이 절에서는 컨테이너와 가상 머신의 구조를 비교하면서, 어떤 상황에서 어떤 기술을 사용하는 것이 더 적절한지를 살펴보려고 해요.

앞서 살펴보았지만, 다시 한번 먼저 구조적인 차이부터 볼게요. 가상 머신은 하나의 물리 서버(또는 하이퍼바이저 위)에 운영체제 전체를 가상화해서 설치하고, 그 위에 애플리케이션을 올리는 방식이에요. 예를 들어 하나의 물리 서버에서 세 개의 가상 머신을 실행하면, 각 가상 머신마다 독립된 운영체제가 들어가 있어요. 이 방식은 완전한 격리를 제공하고, 실제 하드웨어처럼 동작하기 때문에 어떤 애플리케이션이든 거의 다 실행할 수 있어요. 하지만 운영체제가 여러 개 동시에 돌아가기 때문에, 리소스 사용량이 크고, 부팅 속도도 느리며, 이미지도 상대적으로 무거워요.

반면 컨테이너는 운영체제까지 가상화하지는 않아요. 하나의 운영체제 커널을 여러 컨테이너가 공유하면서, 그 위에 필요한 실행 환경과 애플리케이션만을 덧붙이는 구조예요. 즉, 가상 머신처럼 전체 운영체제를 따로 설치하는 게 아니라, 최소한의 실행 환경만 가볍게 포장해서 실행하는 거예요. 그래서 컨테이너는 훨씬 빠르게 실행되고, 가볍고, 동시에 수십 개 이상을 띄워도 부담이 적어요.

간단히 비교하자면,

- 가상 머신은 무겁지만 안정적이고 완전한 격리가 필요한 상황에 적합하고,

- 컨테이너는 가볍고 빠르지만 커널은 공유하기 때문에, 완전한 격리에는 한계가 있을 수 있어요.

보안 측면에서도 이 차이는 중요해요. 가상 머신은 서로 완전히 독립된 운영체제를 갖고 있기 때문에, 하나의 가상 머신에서 문제가 생겨도 다른 가상 머신에는 영향을 주지 않아요. 반면 컨테이너는 커널을 공유하기 때문에, 만약 커널 수준에서 문제가 생기면 다른 컨테이너까지 영향을 받을 수 있어요. 물론 최근에는 이런 보안 문제를 해결하기 위한 기술도 많이 발전했지만, 금융, 의료, 공공기관처럼 보안이 최우선인 환경에서는 여전히 가상 머신이 더 선호되기도 해요.

또한 운영 측면에서도 두 기술은 다르게 작동해요. 가상 머신은 일반적으로 오래 실행되는 서버, 예를 들어 데이터베이스, 레거시 시스템, 혹은 Windows 기반 애플리케이션처럼 컨테이너화하기 어려운 시스템을 실행하는 데 많이 사용돼요. 반면 컨테이너는 짧게 실행되고 자주 배포되는 웹 서비스, API 서버, 마이크로서비스 아키텍처에 더 잘 어울려요. 특히 CI/CD(지속적 통합·지속적 배포) 환경에서는 빠른 빌드와 배포가 핵심이기 때문에, 컨테이너는 거의 표준처럼 활용되고 있어요.

이 두 기술은 대체 관계라기보다는, 보완 관계라고 보는 것이 더 정확해요. 실제 클라우드 환경에서도, 많은 서비스들이 가상 머신과 컨테이너를 적절히 섞어서 사용하고 있어요. 예를 들어 운영체제에 종속적인 레거시 애플리케이션은 가상 머신에, 빠르게 배포되고 유연한 서비스는 컨테이너에 올리는 식이에요.

또한 최근에는 이 두 가지의 장점을 동시에 살리려는 시도도 있어요. 대

표적으로는 가상 머신 안에서 컨테이너를 실행하거나, 혹은 하이퍼바이저 수준에서 컨테이너를 격리하는 기술들이 발전하고 있어요. 이런 방식은 컨테이너의 경량성과 가상 머신의 보안성을 동시에 확보하려는 흐름이에요.

결국 중요한 것은 기술 자체의 우열을 따지는 것이 아니라, 어떤 상황에서 어떤 특성이 필요한지를 정확히 판단하고 선택하는 것이에요. 컨테이너는 빠르고 유연하지만, 가상 머신만큼 강력한 격리가 필요한 상황에서는 부족할 수 있어요. 반대로, 빠른 배포와 유연한 스케일링이 필요한 서비스에 가상 머신만으로 대응하려면 비효율적일 수 있어요.

3.4 컨테이너 오케스트레이션

컨테이너 기술이 점점 널리 쓰이면서, 컨테이너 하나만 잘 실행하는 것만으로는 부족하다는 목소리가 나오기 시작했어요. 초창기에는 개발자가 자신의 노트북이나 테스트 서버에 컨테이너 하나를 띄우는 것으로 충분했지만, 서비스가 점점 커지고, 수십 개, 수백 개의 컨테이너가 동시에 운영되어야 하는 상황이 되면서 관리가 점점 어려워졌어요. 바로 이런 배경 속에서 등장한 것이 '컨테이너 오케스트레이션'이라는 개념이에요. 오케스트레이션이란 말은 원래 '지휘'나 '조율'이라는 뜻을 가지고 있어요. 오케스트라가 각 악기의 소리를 조화롭게 이끄는 것처럼, 컨테이너 오케스트레이션은 수많은 컨테이너들이 함께 잘 작동하도록 배치하고, 감시하고, 필요하면 재시작하거나 다른 서버로 옮겨주는 역할을 해요. 예를 들어 어떤 서버에 있던 컨테이너가 갑자기 죽었을 때, 자동으로 다시 실행되도록 하거나, 트래픽이 많아졌을 때 컨테이너를 여러 개 더 늘려주는 일들을 말해요.

이런 문제를 해결하기 위해 처음에는 도커 스웜(Docker Swarm)이나 아파치 메소스(Apache Mesos) 같은 도구들이 나왔지만, 현재는 대부분의 환경에서 쿠버네티스(Kubernetes)라는 플랫폼을 중심으로 오케스트레이션을 하고 있어요. 쿠버네티스는 원래 구글이 내부에서 사용하던 기술을 바탕으로 만들었고, 2014년에 오픈소스로 공개되면서 빠르게 확산됐어요.

쿠버네티스는 단순히 컨테이너를 여러 대의 서버에 배포하는 것에 그치지 않고, 원하는 수만큼 컨테이너를 유지하고, 상태를 점검하고, 네트워크나 스토리지까지 자동으로 연결해주는 등 매우 다양한 기능을 제공해요. 예를 들어 "웹 서버 컨테이너는 항상 3개를 유지하고 싶어요"라고 선언해두면, 하나가 중단 되더라도 다른 하나를 자동으로 구동 해줘요. 이를 셀프 힐링(Self Healing) 이라고 해요. 또 사용자의 요청이 너무 많아서 웹 서버 컨테이너 3개로는 감당할 수 없을 경우가 생기면, 컨테이너의 갯수를 자동으로 6개로 늘릴 수도 있어요. 이런 기능을 오토 스케일링(Auto scaling)이라고 부르죠.

또 하나 중요한 부분은, 컨테이너 오케스트레이션이 없을 경우에는 배포와 운영이 수작업으로 이루어진다는 점이에요. 예를 들어 새로운 버전의 애플리케이션을 배포하려면, 기존 컨테이너를 하나하나 중지하고, 새 버전으로 다시 실행해야 해요. 이런 과정을 매번 사람이 직접 한다면 실수가 생기기 쉽겠죠. 쿠버네티스는 이러한 과정을 자동화해서, 새로운 버전을 순차적으로 배포하고 문제가 생기면 자동으로 롤백해주는 기능까지 제공해요.

실제로 많은 기업들이 쿠버네티스를 도입하면서, 서비스 배포 속도와 안정성을 동시에 얻고 있어요. 스타트업부터 대기업까지 모두 쿠버네티스 기반으로 마이크로서비스를 구성하고, 장애 대응과 트래픽 대응 능력을 높이고 있어요. 예를 들어 어떤 온라인 쇼핑몰은 큰 이벤트 시즌마다 방문자가 폭증하곤 하는데, 쿠버네티스를 이용해서 웹 서버 컨테이너를 수십 개까지 자동으로 확장하고, 사용자가 줄어들면 다시 줄이는 방식으로 안정적인 서비스를 유지하고 있어요.

컨테이너가 '실행 단위'를 담당한다면, 오케스트레이션은 그 수많은 실행

단위를 어떻게 효율적으로 관리할지를 고민하는 기술이라고 할 수 있어요. 그리고 지금은 쿠버네티스가 이 영역에서 사실상 표준으로 자리 잡았다고 해도 과언이 아니에요.

이제는 단순히 컨테이너를 만드는 것에서 한발 더 나아가, 어떻게 안정적으로 운영할 것인지, 어떻게 효율적으로 배포할 것인지가 더 중요해졌어요.

3.5 서버리스 컴퓨팅과 이벤트 기반 아키텍처

클라우드가 발전해오면서, 개발자와 운영자가 다루는 기술들도 조금씩 달라지기 시작했어요. 처음에는 물리 서버를 직접 다뤘고, 이후에는 가상 머신 위에 애플리케이션을 올리는 방식으로 발전했어요. 그 다음에는 컨테이너를 이용해 빠르고 일관된 배포가 가능해졌죠. 그런데 최근에는 이보다도 한 걸음 더 나아간 개념이 등장했어요. 바로 서버리스 컴퓨팅(Serverless Computing)이에요.

'서버리스'라는 말 때문에 '서버가 없다'고 오해하기 쉬운데, 실제로는 서버는 여전히 존재하지만, 사용자가 그 서버를 신경 쓰지 않아도 되도록 만든 구조를 말해요. 전통적인 방식에서는 서버를 생성하고 운영체제를 설치하고 패치하고, 모니터링까지 직접 해야 했지만, 서버리스 환경에서는 그런 모든 부분을 클라우드 플랫폼이 대신 처리해줘요. 사용자는 오직 '코드'만 작성하면 되고, 그 코드를 실행하는 인프라는 자동으로 준비돼요.

서버리스 컴퓨팅에서 가장 대표적인 형태는 FaaS(Function as a Service)예요.

말 그대로 '함수 단위로 실행되는 서비스'예요. 사용자는 하나의 작업 단위를 함수처럼 정의해두고, 그 함수가 필요할 때만 실행하는 것이죠. 예를 들어 사용자가 이미지를 업로드하면, 자동으로 썸네일을 생성하는 함수가 실행되고, 작업이 끝나면 바로 종료되는 식이에요. 서버는 항상 켜져 있을 필요가 없고, 함수가 실행된 만큼만 비용을 내요. 이것이 서버리스의 가장 큰 장점 중 하나예요.

서버리스 컴퓨팅은 대부분 이벤트 기반(Event Driven) 아키텍처로 동작해요. 이벤트란 어떤 행동이 발생했다는 신호예요. 예를 들어, 파일이 업로드되었거나, 사용자가 버튼을 클릭했거나, 데이터베이스에 새로운 레코

드가 추가되었을 때가 모두 이벤트예요. 이런 이벤트를 감지하면, 미리 정해둔 함수가 자동으로 실행되는 구조예요. 마치 문이 열리면 자동으로 조명이 켜지는 스마트홈 시스템처럼요.

이러한 방식의 장점은 명확해요. 첫째, 필요할 때만 실행되므로 자원 낭비가 없다는 점이에요. 항상 서버를 켜두지 않아도 되니 비용을 크게 줄일 수 있어요. 둘째, 운영 부담이 줄어든다는 거예요. 서버 패치, 로그 관리, 모니터링 같은 작업을 신경 쓸 필요가 줄어드니, 개발자는 오직 비즈니스 로직에 집중할 수 있어요. 셋째, 작게 나눈 기능 단위로 설계되기 때문에 유연성과 확장성이 높아요. 특정 기능만 수정하거나 확장할 수도 있고, 병렬 실행도 손쉽게 할 수 있어요.

생활 속 사례로 비유해보면, 기존 서버 방식은 커피숍을 운영하는 것과 비슷해요. 손님이 없더라도 가게는 열어둬야 하고, 직원도 있어야 하죠. 반면 서버리스는 자동 커피 자판기 같아요. 손님이 버튼을 눌렀을 때만 작동하고, 그 외에는 대기 상태예요. 관리도 적고, 에너지 낭비도 없어요.

물론 서버리스에도 한계는 있어요. 실행 시간이나 메모리에 제약이 있고, 복잡한 상태 관리가 필요한 애플리케이션에는 적합하지 않을 수도 있어요. 하지만 간단한 API 처리, 백그라운드 작업, 데이터 변환, 이벤트 반응 자동화처럼 짧고 독립적인 작업에는 매우 효과적이에요.

서버리스 컴퓨팅은 클라우드가 단순한 인프라 제공을 넘어서, 개발과 운영의 사고 방식 자체를 바꾸는 흐름을 보여줘요. 우리가 기존에는 '서버를 어디에 둘까'를 고민했다면, 이제는 '어떤 기능을 어떻게 나눌까'를 고민하는 시대예요. 서버리스와 이벤트 기반 구조는 바로 그 변화를 가장 잘 보여주는 기술이에요. 클라우드를 이해한다는 것은 이제 단순히 가상 머신을 아는 것이 아니라, 이런 새로운 실행 방식과 개발 모델을 함께 이해하는 것을 의미하게 되었어요.

핵심개념 퀴즈

1. 컨테이너는 기존 가상 머신과 비교했을 때 어떤 구조적 차이를 가지며, 이로 인해 발생하는 주요 이점은 무엇인가요?

2. 컨테이너에서 "이미지(Image)"는 무엇을 의미하며, "컨테이너(Container)"는 무엇을 의미하나요? 이 둘의 관계를 설명해주세요.

3. 도커는 컨테이너 기술 생태계에서 어떤 결정적인 역할을 했으며, 그 이전의 컨테이너 기술과 비교했을 때 도커의 강점은 무엇이었나요?

4. 컨테이너의 가장 큰 장점 중 하나로 이식성(portability)을 말하곤 합니다. 이식성이 높다는 것은 구체적으로 어떤 의미인가요?

5. 컨테이너는 생명 주기가 짧다는 특징이 있습니다. 이 특징은 어떤 종류의 작업이나 서비스에 특히 잘 어울리나요?

6. 컨테이너 안에서 발생한 변경사항(예: 파일 생성, 설정 변경)을 유지하려면 어떻게 해야 하나요? 컨테이너의 일시적인 특성과 관련하여 설명해주세요.

7. 보안 측면에서 가상 머신과 컨테이너는 어떤 차이를 보이며, 이는 어떤 구조적 특징 때문인가요?

8. 컨테이너 오케스트레이션은 왜 필요하며, 어떤 문제를 해결하기 위한 기술인가요?

9. 서버리스 컴퓨팅에서 '서버가 없다'는 것은 어떤 의미인가요?

정답

1. 컨테이너는 운영체제 커널을 공유하는 반면, 가상 머신은 운영체제 전체를 가상화합니다. 이로 인해 컨테이너는 가상 머신보다 훨씬 가볍고 빠르게 실행되며 리소스 사용량이 적습니다.

2. 이미지는 컨테이너 실행에 필요한 모든 요소(코드, 라이브러리, 설정 등)를 담고 있는 정적인 설계도이며, 컨테이너는 이 이미지를 바탕으로 실제로 실행되는 독립적인 인스턴스입니다. 하나의 이미지로부터 여러 개의 컨테이너를 생성할 수 있습니다.

3. 도커는 복잡했던 기존의 리눅스 격리 기술들을 추상화하고 통합하여 사용자가 손쉽게 컨테이너를 만들고 배포할 수 있는 도구를 제공했습니다. 이로 인해 컨테이너 기술이 개발자 및 운영자에게 실무적으로 활용 가능하게 되었습니다.

4. 이식성이 높다는 것은 컨테이너로 패키징된 애플리케이션이 어떤 환경(개발자의 노트북, 테스트 서버, 클라우드 등)에서 실행되든 항상 동일하게 동작함을 의미합니다. 이는 애플리케이션과 실행 환경이 컨테이너 내부에 함께 포함돼어 있기 때문입니다.

5. 컨테이너의 짧은 생명 주기는 트래픽이 들쑥날쑥한 웹 서비스, API 서버, 반복적으로 실행되는 배치 작업 등에 잘 어울립니다. 필요할 때만 빠르게 실행되고 작업이 끝나면 즉시 제거하여 리소스를 효율적으로 사용할 수 있습니다.

6. 컨테이너 내부에서 발생한 변경사항은 컨테이너가 종료되면 사라집니다. 변경 내용을 유지하려면, 변경된 상태를 기반으로 새로운 이미지를 커밋하거나(새 이미지 빌드) 외부 볼륨을 연결하여 데이터를 컨테이너 외부로 저장해야 합니다.

7. 가상 머신은 서로 완전히 독립된 운영체제를 가지므로 강력한 격리를 제공하여 한 가상 머신의 문제가 다른 가상 머신에 영향을 주지 않습니다. 반면 컨테이너는 운영체제 커널을 공유하기 때문에, 커널 수준의 문제 발생 시 다른 컨테이너에 영향을 줄 잠재적 위험이 있습니다.

8. 수십, 수백 개의 컨테이너를 수작업으로 관리하는 것은 매우 어렵고 비효율적입니다. 컨테이너 오케스트레이션은 이러한 컨테이너들의 배포, 상태 유지, 확장, 복구 등을 자동화하여 대규모 컨테이너 환경을 효율적으로 관리하고 안정적으로 운영할 수 있도록 합니다.

9. '서버가 없다'는 것은 사용자가 물리 서버나 가상 머신과 같은 인프라를 직접 관리(생성, 패치, 모니터링 등)할 필요가 없다는 의미입니다. 사용자는 오직 비즈니스 로직이 담긴 '코드'(주로 함수 형태) 작성에만 집중하게 되고, 코드는 필요할 때만 실행되며 사용량 기반으로 비용이 청구됩니다.

요약

- 컨테이너는 클라우드 환경에서 애플리케이션을 만들고 배포하고 운영하는 방식 자체를 바꿔놓은 기술입니다.

- 컨테이너는 가상 머신과는 다른 실행 단위로, 빠르고 가벼우며 어디서나 동일하게 실행됩니다.

- 도커는 컨테이너 기술을 널리 퍼뜨린 도구로, Dockerfile을 통해 이미지를 만들고 실행합니다.

- 컨테이너는 이미지를 기반으로 실행한 인스턴스이며, 이미지 하나로 수십 개의 컨테이너를 만들 수 있습니다.

- 컨테이너는 운영체제 커널을 공유하면서 필요한 부분만 얹어 실행되며, 가상 머신과는 구조나 철학이 다릅니다.

- 컨테이너 오케스트레이션은 수많은 컨테이너를 자동으로 조율해주는 기술로, 쿠버네티스가 이 주로 사용됩니다.

- 서버리스 컴퓨팅은 서버를 직접 관리하지 않고 함수 단위로 애플리케이션을 구성하는 방식으로, 운영 효율성과 비용 절감 측면에서 주목받고 있습니다.

04

스토리지와 데이터 구조

이번 장에서는 클라우드에서 데이터를 어떻게 저장하고 관리하는지에 대해 전반적으로 살펴보려고 해요. 우선 객체, 블록, 파일 스토리지처럼 클라우드에서 제공하는 세 가지 대표적인 저장 방식을 비교하면서, 각각 어떤 용도에 적합한지 이해해볼 거예요. 그다음에는 특히 많이 사용되는 객체 스토리지에 대해 조금 더 깊이 들어가서, 구조와 특징, 활용 사례까지 알아볼게요. 또한 저장 방식만큼이나 중요한 게 요금과 성능의 균형이에요. 빠르다고 다 좋은 것도 아니고, 싸다고 다 효율적인 것도 아니기 때문에, 상황에 따라 어떤 스토리지를 선택해야 하는지도 함께 이야기해 볼 거예요. 마지막으로, 데이터를 저장한 뒤 시간이 지나면서 접근 빈도나 중요도가 바뀌는 경우를 고려해서, 자동으로 스토리지를 옮기거나 삭제할 수 있는 수명주기 관리(Lifecycle Management) 개념도 함께 소개해 드릴게요. 쉽게 말해, 이번 장은 클라우드 스토리지를 "잘 쓰기 위한 기본기"를 쌓는 시간이라고 생각하시면 돼요. 같이 한 걸음씩 알아가 볼까요?

4.1 클라우드 저장 방식의 분류

클라우드를 잘 활용하려면, 데이터를 어떻게 저장하고 불러오는지에 대한 기본 개념을 꼭 이해해야 해요. 아무리 뛰어난 애플리케이션을 만들었더라도, 데이터를 효율적으로 저장하고, 안정적으로 꺼내 쓸 수 없다면 결국 실사용에서는 큰 제약이 생기게 되지요. 클라우드 환경에서는 데이터를 저장하는 방식이 크게 세 가지로 나뉘어요. 바로 객체 스토리지(Object Storage), 블록 스토리지(Block Storage), 그리고 파일 스토리지(File Storage)이에요. 각각의 방식은 목적과 특징이 다르기 때문에, 상황에 맞는 저장 방식을 선택하는 것이 무엇보다 중요해요.

항목	객체 스토리지	블록 스토리지	파일 스토리지
저장 단위	객체 (데이터 + 메타데이터 + 식별자)	블록 (고정 크기의 데이터 단위)	파일 (폴더-파일 계층 구조)
접근 방식	HTTP API 기반 (URI로 접근)	운영체제에서 디스크처럼 인식	네트워크를 통한 공유 폴더(NFS, SMB 등) 접근
사용 예시	로그, 백업, 이미지, 동영상, 스트리밍 콘텐츠	데이터베이스 스토리지, 가상 머신 디스크, 고성능 트랜잭션 처리	협업 문서 저장, 웹 애플리케이션의 공통 파일 리소스
장점	구조가 단순하고 무한에 가까운 확장성	고속 읽기/쓰기, 파일 시스템 유연성	사용하기 쉬운 구조, 여러 사용자 간 공유 용이
단점	실시간 편집, 디렉토리 탐색에는 부적합	구조가 복잡하고 단순 저장용도로는 과할 수 있음	대용량 처리나 고성능 요구에는 부적합
적합한 사용 상황	자주 접근하지 않는 데이터, 장기 저장	고성능이 필요한 애플리케이션 스토리지	사용자 간 파일 공유, 소규모 협업 환경
대표 서비스	AWS S3, Azure Blob, Google Cloud Storage	AWS EBS, Azure Managed Disks, Google Persistent Disks	AWS EFS, Azure Files, Google Filestore

먼저 객체 스토리지는 오늘날 클라우드 환경에서 가장 널리 사용되는 저장 방식이에요. 이 방식은 데이터를 '파일'처럼 다루지 않고, '객체(object)'라는 단위로 저장해요. 하나의 객체는 본문 데이터와 메타데이터, 그리고 고유 식별자(ID)로 구성돼요. 예를 들어 사진 한 장을 저장하면, 그 사진 파일 자체, 업로드한 시간, 확장자, 권한 정보 등이 함께 저장되는 식이에요. 객체 스토리지의 특징은 아주 대용량 데이터를 다루기에 적합하고, 구조가 단순하다는 점이에요. 대신 '파일 시스템'처럼 폴더를 탐색하거나, 실시간으로 편집하는 데에는 적합하지 않아요. 그래서 로그 저장, 백업, 이미지 저장, 스트리밍 콘텐츠 보관처럼 한 번 저장하고 나중에 꺼내 쓰는 용도에 아주 잘 맞아요.

두 번째는 블록 스토리지예요. 이 방식은 물리 디스크를 작게 쪼갠 '블록' 단위로 데이터를 저장하는 구조예요. 우리가 평소에 사용하는 하드디스크나 SSD와 유사한 방식이죠. 운영체제에서는 이 스토리지를 일반 디스크처럼 인식하기 때문에, 파일 시스템을 설치하거나, 데이터베이스의 저장 공간으로 활용하거나, 가상 머신의 운영체제를 설치하는 데 사용돼요. 대표적인 예로는 AWS의 EBS(Elastic Block Store), Azure의 Managed Disks, GCP의 Persistent Disks 같은 서비스가 있어요. 블록 스토리지는 읽기/쓰기 속도가 빠르고, 파일 시스템을 자유롭게 설정할 수 있는 유연성이 있어요. 반면에 객체 스토리지에 비해 구조가 복잡하고, 단순히 파일을 저장하기에는 과할 수도 있어요.

마지막으로 파일 스토리지에요. 이는 우리가 익숙한 '폴더-파일' 구조를 그대로 클라우드에 옮겨놓은 방식이에요. 네트워크를 통해 공유 폴더에 접근하듯이, 여러 사용자가 동시에 같은 파일 시스템에 접근할 수 있게 해줘요. 보통 기업 내부에서 NAS(Network Attached Storage)를 쓰듯, 클라우드에서도 비슷한 방식으로 사용할 수 있어요. 이 방식은 협업 문서를 저장하거나, 웹 애플리케이션에서 공통 리소스를 공유할 때 유용해요. 다만 대용량 처리나 고속 성능이 필요한 경우에는 적합하지 않을 수 있어요.

이렇게 세 가지 방식은 각각의 특징과 쓰임새가 분명히 다르기 때문에, 클라우드 환경을 설계할 때는 목적에 맞게 잘 조합하는 것이 중요해요. 백업이나 로그 저장처럼 자주 읽지 않는 데이터나 장기간 보관해야 하는

데이터에는 객체 스토리지를, 운영체제를 설치하거나 데이터베이스가 요구하는 고속 스토리지에는 블록 스토리지를, 사용자 간 공유가 필요한 경우에는 파일 스토리지를 선택하는 것이 일반적이에요.

클라우드에서는 스토리지도 하나의 서비스로 제공되기 때문에, 사용자는 하드웨어나 저장 장치를 직접 만지지 않아도 돼요. 대신 어떤 방식이 어떤 용도에 알맞은지, 그리고 각각의 서비스가 어떻게 동작하는지를 알고 있어야, 비용도 아끼고 성능도 확보할 수 있어요.

이제 각 저장 방식 중에서도 가장 널리 사용되고 있는 객체 스토리지에 대해 조금 더 깊이 들어가 보려고 해요. 다음 절에서는 AWS의 S3나 Azure의 Blob Storage처럼 실제 클라우드 서비스에서 어떻게 객체 스토리지가 활용되고 있는지, 그리고 어떤 구조와 특징을 가지고 있는지를 자세히 살펴보도록 할게요.

4.2 객체 스토리지

클라우드 환경에서 데이터를 저장하는 방식 중 가장 많이 사용되는 기술 중 하나가 바로 객체 스토리지(Object Storage)예요. 객체 스토리지는 구조가 단순하고, 대용량 데이터를 안정적으로 오래 보관할 수 있어서, 많은 서비스에서 기본 스토리지처럼 활용되고 있어요.

객체 스토리지를 이해하려면 먼저 '객체'라는 개념부터 살펴봐야 해요. 객체는 단순한 파일 하나가 아니라, 데이터 본문(내용), 그에 대한 속성 정보(메타데이터), 그리고 고유한 이름 또는 주소를 함께 가지고 있는 단위예요. 예를 들어 어떤 문서 파일 하나를 저장한다고 하면, 그 문서 자체뿐 아니라 작성 일자, 파일 형식, 접근 권한 같은 정보도 함께 저장되고, 이 모든 것을 구분할 수 있는 고유한 이름이 부여돼요.

이 저장 방식의 가장 큰 특징은 계층 구조가 아니라 평면적인 구조라는 점이에요. 일반적인 파일 시스템에서는 폴더 안에 하위 폴더가 있고, 그 안에 또 파일이 들어가는 식의 계층 구조지만, 객체 스토리지에서는 모든 객체가 하나의 '공간(bucket이나 container)' 안에 고유한 이름으로 저장돼요. 폴더처럼 보이게 만들 수는 있지만, 실제로는 그냥 이름 규칙을 이용한 표현 방식일 뿐이에요. 이 단순한 구조 덕분에 수십억 개의 객체도 문

제 없이 저장할 수 있는 확장성을 가지게 된 것이지요.

객체 스토리지는 웹 기반 API로 접근할 수 있게 설계되어 있어서, 프로그램이나 서비스에서 직접 데이터를 주고받는 데 매우 적합해요. 예를 들어 웹 앱이 이미지나 문서를 업로드하면, 이를 객체로 저장하고, 그 주소를 통해 다시 불러오는 식으로 동작해요. 개발자는 복잡한 디스크 구조를 신경 쓰지 않고, 그저 '이 주소로 저장하고, 이 주소로 다시 가져온다'는 방식으로 데이터를 다룰 수 있어요.

또한 객체 스토리지는 기본적으로 장기 보관과 높은 내구성을 목표로 설계되어 있어요. 내부적으로는 데이터를 여러 곳에 복제하고, 무결성 검사를 주기적으로 수행해요. 사용자 입장에서는 어떤 지역에 얼마나 복제되었는지를 직접 다루지 않아도 되고, 시스템이 알아서 안정적으로 데이터를 유지해줘요. 그래서 백업, 로그 저장, 분석용 원본 데이터 보관, 이미지나 영상 아카이브처럼 오랫동안 보관해야 하거나, 여러 곳에서 공유될 수 있는 데이터를 저장할 때 적합해요.

한 가지 덧붙이자면, 객체 스토리지는 보통 '파일을 저장하고 불러온다'는 동작을 기준으로 설계되어 있어요. 그래서 문서나 사진처럼 한 번에 저장하고, 필요할 때 전체를 읽는 패턴에는 매우 잘 어울려요. 하지만 일부 구현에서는 전체를 다시 저장하지 않고 부분만 업로드하거나 읽어오는 기능도 지원해요. 예를 들어 대용량 영상 파일에서 특정 구간만 재생한다든지, 큰 로그 파일의 마지막 몇 줄만 불러오는 식의 기능도 가능하지요. 즉, '전체를 통째로 다시 저장해야 한다'는 것은 일반적인 설명일 수는 있지만, 실제로는 다양한 최적화 기능이 사용되고 있다는 점도 함께 이해할 필요가 있어요.

요약하자면, 객체 스토리지는 클라우드 저장 방식 중에서 가장 단순하고 확장 가능하며, 장기 보관에 유리한 구조를 가지고 있어요. 용도에 따라 적절히 설계된 API와 결합하면, 매우 강력한 데이터 저장 도구가 될 수 있어요. 다만 자주 바뀌는 데이터나 복잡한 구조를 가진 워크로드에는 다른 저장 방식이 더 나을 수 있기 때문에, 언제 어떤 스토리지를 선택할지는 항상 데이터 특성에 따라 판단해야 해요.

4.3 블록 스토리지와 파일 스토리지

어떤 데이터는 오래 두고 가끔 꺼내볼 목적으로 저장되고, 어떤 데이터는 실시간으로 계속 바뀌거나 여러 사람이 동시에 접근하기도 해요. 그래서 클라우드에서는 객체 스토리지 방식 외에도, 목적에 따라 더 적합한 저장 기술이 필요해요. 그 중 대표적인 것이 바로 블록 스토리지(Block Storage)와 파일 스토리지(File Storage)예요.

먼저 블록 스토리지부터 살펴볼게요. 이 방식은 전통적인 하드디스크나 SSD와 비슷한 개념이에요. 데이터를 아주 작은 '블록' 단위로 나누어 저장하고, 운영체제가 이를 조합해서 하나의 디스크처럼 사용하는 방식이지요. 블록 스토리지는 가상 머신을 만들 때 자주 사용돼요. 왜냐하면 가상 머신은 운영체제를 설치하고 파일 시스템을 구성해야 하잖아요? 바로 그 운영체제가 올라갈 저장 공간이 블록 스토리지인 거예요.

블록 스토리지는 읽기와 쓰기가 빠르고 정교하게 제어된다는 점에서 강점이 있어요. 예를 들어 데이터베이스처럼, 끊임없이 데이터를 기록하고 다시 읽어야 하는 프로그램에서는, 저장 속도와 반응 속도가 중요해요.

이럴 때는 객체 스토리지보다 블록 스토리지가 훨씬 적합해요. 또 파일을 통째로 바꾸지 않고, 일부분만 수정하거나 빠르게 덮어쓸 수 있다는 점도 큰 장점이에요.

다만 블록 스토리지는 조금 더 복잡한 설정이 필요해요. 운영체제가 포맷을 해야 하고, 사용자가 직접 파일 시스템을 관리해야 하지요. 그래서 클라우드에서는 보통 가상 머신에 딸려오는 '디스크'처럼 활용되고, 백업이나 이미지 저장 같은 용도보다는, 시스템 운영과 관련된 스토리지로 자주 사용돼요.

반면에 파일 스토리지는 조금 다른 개념이에요. 우리가 평소에 사용하는 네트워크 드라이브, 회사에서 공유 폴더 같은 것이 바로 파일 스토리지에 해당돼요. 즉, 여러 명이 동시에 접근해서 폴더 안의 파일을 읽고 쓰고, 수정하고, 삭제할 수 있는 형태지요. 이 방식은 '폴더-파일' 구조를 그대로 따르고 있어서 익숙하게 느껴져요. 사용자 입장에서 보면 마치

하나의 드라이브가 네트워크를 통해 연결되어 있는 것처럼 느껴지지요. 파일 스토리지는 협업에 적합한 저장 방식이에요. 예를 들어 팀 단위로 하나의 문서 작업을 할 때, 서로 파일을 주고받거나, 같은 파일을 열어보는 일이 많잖아요? 그럴 때 파일 스토리지는 아주 효과적이에요. 웹 서버에서 이미지 파일이나 정적 리소스를 여러 인스턴스가 함께 공유해야 할 때도 유용하지요.

다만 파일 스토리지는 객체 스토리지이나 블록 스토리지보다 대용량 처리나 성능 측면에서는 제한이 있어요. 많은 양의 데이터를 동시에 빠르게 읽고 써야 하는 환경에서는 병목이 생기기 쉬워요. 대신 편의성, 동시 접근성, 사용자 친화적 인터페이스라는 면에서 강점을 가지지요.

정리해보자면, 블록 스토리지는 운영체제나 데이터베이스가 빠르게 읽고 쓰는 용도, 즉 '시스템 중심 스토리지'로 적합하고, 파일 스토리지는 여러 사용자가 파일을 공유하거나 실시간 편집이 필요한 환경, 즉 '사용자 중심 스토리지'에 적합해요. 물론 객체 스토리지와 마찬가지로, 이 두 저장 방식도 클라우드에서는 서비스 형태로 제공되기 때문에, 사용자는 '어디에 무엇을 저장할지'를 상황에 맞춰 판단하기만 하면 돼요.

클라우드 스토리지를 잘 활용하려면, 단순히 저장 공간이 필요하다는 생각을 넘어서, '이 데이터는 어떤 방식으로 쓰이고, 얼마나 자주, 얼마나 빨리 접근되는가'를 먼저 생각해보는 것이 중요해요. 그래야 스토리지 선택이 정확해지고, 비용도 줄이고, 성능도 확보할 수 있거든요.

이제 우리는 클라우드 환경에서 사용되는 주요 저장 방식 세 가지—객체, 블록, 파일—의 특징과 차이점을 이해하게 되었어요.

4.4 스토리지 요금과 성능의 균형

클라우드에서 스토리지를 선택할 때, 사람들은 흔히 "어떤 방식이 더 빠를까?", 혹은 "가장 저렴한 스토리지는 무엇일까?"라는 질문을 먼저 떠올려요. 당연한 이야기지만 빠른 스토리지일수록 비싸고, 저렴한 스토리지일수록 느리거나 제약이 많은 경우가 대부분이에요. 그래서 스토리지를 고를 때는 단순히 속도나 가격 중 하나만 보는 것이 아니라, 요금과 성능 사이의 균형을 어떻게 잡을 것인지가 중요해요.

클라우드 스토리지 요금은 보통 세 가지 기준에 따라 과금돼요. 첫째는 저장 용량이에요. 얼마나 많은 데이터를 저장했느냐에 따라 기본 요금이 매달 부과돼요. 단위는 주로 기가바이트(GB)나 테라바이트(TB) 단위이고, 사용한 만큼만 계산돼요. 둘째는 입출력 작업 수(I/O Request)예요. 파일을 얼마나 자주 읽고 쓰느냐에 따라 추가 요금이 붙을 수 있어요. 마지막은 데이터 전송량(egress)인데, 특히 클라우드 외부로 데이터를 꺼낼 때(예: 인터넷을 통해 다운로드하거나 다른 시스템으로 전송할 때) 요금이 추가로 발생하는 경우가 많아요.

이처럼 단순히 저장만 했다고 끝나는 게 아니라, 얼마나 자주 읽고 쓰는지, 데이터를 어디로 옮기는지에 따라서도 비용이 달라질 수 있어요. 그래서 처음에는 "저장하는 데 얼마인가요?"라고 물었지만, 실제로는 "저장하고, 꺼내고, 옮기고, 다시 저장하는 모든 과정에서 얼마인가요?"가 더 정확한 질문이에요.

반면 성능은 저장 방식에 따라 크게 달라져요. 예를 들어 블록 스토리지는 빠른 입출력 속도와 낮은 지연시간(latency)을 제공하지만, 그만큼 단가가 높아요. 반대로 객체 스토리지는 아주 많은 양을 저장할 수 있지만, 데이터를 실시간으로 빠르게 처리하거나 자주 수정하는 데에는 다소 느릴 수 있어요. 파일 스토리지는 협업과 공유에는 유리하지만, 대규모 처리에는 성능이 부족할 수 있어요.

더 중요한 건, 클라우드에서는 같은 저장 방식 안에서도 요금제나 성능 등급을 선택할 수 있다는 거예요. 예를 들어 "자주 접근하는 데이터용 고성능 스토리지", "한 달에 한두 번만 열어보는 장기 보관용 저비용 스토리지"처럼 데이터를 쓰는 방식에 따라 적절한 등급을 선택할 수 있어요. 성능은 높지만 비싼 스토리지로 모든 데이터를 보관하면 낭비가 심해지고, 반대로 무조건 저렴한 스토리지에만 넣어두면 나중에 꺼내 쓸 때 불편하거나 느릴 수 있어요.

이런 점에서 클라우드 스토리지는 마치 냉장고와 같아요. 냉동실은 보관은 잘 되지만 꺼내는 데 시간이 걸리고, 야채 칸은 바로 꺼내 먹기 좋지만 오래 두긴 어려운 것처럼요. 사용자는 각 스토리지의 특성을 잘 이해하고, 데이터의 '온도'(temperature)—즉 얼마나 자주, 얼마나 빠르게 접근해야 하는지를 기준으로 스토리지를 잘 나눠서 사용하는 것이 중요해요. 예를 들어 운영 중인 서비스의 설정 파일이나 자주 불러오는 리소스는 빠른 스토리지에, 시스템 로그나 오래된 보고서 파일은 저렴한 스토리지에 보관하는 식으로 전략을 짜면, 성능을 유지하면서도 비용을 절감할 수 있어요. 특히 기업에서는 이러한 저장 전략을 자동화해서, 일정 기간이 지난 데이터는 자동으로 저렴한 스토리지로 옮기거나, 일정 기간 이상 사용되지 않으면 삭제하는 정책을 설정하기도 해요.

정리하자면, 클라우드 스토리지를 효율적으로 쓰려면 '성능이 좋을수록 좋다'는 단순한 생각보다는, 데이터의 특성과 사용 빈도를 기준으로 스토리지를 구분하고, 적절한 요금제와 등급을 선택하는 것이 더 현명한 방법이에요. 클라우드는 '무제한의 스토리지'를 제공하진 않지만, '상황에 맞는 선택지'를 매우 다양하게 제공하고 있기 때문에, 사용자의 판단이 그만큼 중요해지는 것이지요.

4.5 스토리지 수명주기 관리

클라우드에서 데이터를 저장한다고 하면, 단순히 파일을 올려두는 것으로 끝날 것 같지만, 시간이 지남에 따라 그 데이터의 활용도나 중요도는 계속 변하게 돼요. 어떤 데이터는 자주 접근하지만, 어떤 데이터는 한 번 저장하고 나면 거의 다시 열어보지 않을 수도 있죠. 그런데도 모든 데이터를 같은 방식으로 저장하면 비용이 불필요하게 커질 수 있어요. 바로 이런 문제를 해결하기 위해 등장한 개념이 스토리지 수명주기 관리, 영어로는 Lifecycle Management예요.

스토리지 수명주기 관리는 말 그대로 데이터를 저장한 시점부터 삭제되기까지의 '수명'을 자동으로 관리해주는 기능이에요. 사용자는 특정 조건을 기준으로 데이터를 자동으로 다른 스토리지 계층으로 옮기거나, 일정 기간이 지나면 삭제되도록 규칙을 정할 수 있어요. 예를 들어, "업로드한 지 30일이 지난 파일은 저렴한 장기 보관용 스토리지로 이동하고, 365일이 지나면 자동으로 삭제하자"는 식으로 설정하는 거예요.

클라우드 서비스에서는 이런 기능이 기본적으로 제공돼요. 클라우드 기업별로 방식은 조금씩 다르지만, 공통적으로 데이터를 '계층 간 이동'하거나 '자동 삭제'하는 정책을 지원해요.

이러한 계층 이동은 단순한 분류가 아니라 실제 요금에 직결돼요. 예를 들어, 자주 사용하는 데이터를 위한 계층, 가끔 사용하는 계층, 거의 접근하지 않는 여러 계층이 있다고 할때, 그 각각의 저장 비용이 각각 달라요. 자주 쓰는 데이터는 빠르게 접근할 수 있는 고비용 계층에, 오래된 데이터는 느리지만 저렴한 계층에 두는 식으로 두어 비용을 최적화할 수 있겠지요.

한 가지 예를 들어볼게요. 어떤 영상 콘텐츠 플랫폼에서는 사용자 업로

드 영상이 처음엔 자주 재생되지만, 일정 시간이 지나면 거의 접근이 없어요. 이런 경우 처음엔 표준 스토리지에 저장하고, 60일 후엔 비용이 저렴한 계층으로 옮겨두는 식으로 비용을 절감할 수 있어요. 사용자는 차이를 느끼지 못하지만, 운영자는 저장 비용을 대폭 줄일 수 있어요.

또 다른 예는 로그 데이터예요. 시스템 로그나 감사 로그는 일정 기간 동안은 자주 확인할 수 있지만, 일정 시간이 지나면 단지 보관만 하면 되는 경우가 많아요. 이럴 땐 90일 후에 장기 보관용 계층으로 이동하고, 1년 후에는 자동으로 삭제하도록 정책을 설정하면 편리해요. 사람이 직접 하나하나 확인해서 삭제하거나 이동할 필요 없이, 시스템이 알아서 처리해주니까 운영 부담도 줄어들어요.

스토리지 수명주기 관리는 단순한 비용 절감 도구일 뿐 아니라, 데이터 거버넌스 측면에서도 중요한 역할을 해요. 보관 기간을 정해두고, 오래된 데이터를 자동으로 정리함으로써 데이터 과잉을 방지할 수 있어요. 특히 개인정보나 법적 보존 기간이 정해진 데이터를 다룰 때, 수동 관리보다 훨씬 안정적이고 일관된 방식으로 데이터를 관리할 수 있어요.

한 가지 주의할 점은, 수명주기 정책을 설정할 때 너무 과도하게 삭제 규칙을 적용하면 필요한 데이터를 의도치 않게 잃을 수 있다는 거예요. 그래서 정책을 세울 때는 보관 목적, 조회 빈도, 법적 요구사항 등을 종합적으로 고려해서 신중하게 구성하는 것이 좋아요.

이처럼 스토리지 수명주기 관리는 클라우드 스토리지를 보다 지능적이고 경제적으로 운영하게 해주는 도구예요. 특히 대규모 데이터를 다루는 환경에서는 수작업 관리보다 훨씬 효과적이고 안정적인 관리 방법이 될 수 있어요. 클라우드를 잘 활용하기 위해서는 단순히 데이터를 저장하는 것을 넘어서, 그 데이터를 어떻게 효율적으로 오래 보관할 것인지에 대한 전략도 함께 고민해야 해요.

핵심개념 퀴즈

1. 클라우드 환경에서 데이터를 저장하는 세 가지 주요 방식은 무엇인가요? 각각의 이름만 간략히 적어주세요.

2. 객체 스토리지(Object Storage)의 가장 큰 특징 두 가지를 설명해주세요.

3. 블록 스토리지(Block Storage)은 주로 어떤 용도로 사용되나요? 구체적인 두 가지 예시를 들어 설명해주세요.

4. 파일 스토리지(File Storage)은 어떤 상황에서 가장 적합한 저장 방식인가요? 그 이유를 함께 설명해주세요.

5. 클라우드 스토리지 요금이 부과되는 주요 세 가지 기준은 무엇인가요?

6. 스토리지 비용과 성능 사이에서 균형을 잡는 효과적인 전략 한 가지를 설명해주세요.

정답

1. 객체 스토리지(Object Storage), 블록 스토리지(Block Storage), 파일 스토리지(File Storage)입니다.

2. 객체 스토리지의 가장 큰 특징은 평면적인 구조를 가지며 뛰어난 확장성을 제공한다는 점과, 장기 보관 및 높은 내구성을 목표로 설계되었다는 점입니다.

3. 블록 스토리지는 가상 머신에 운영체제를 설치하거나, 데이터베이스의 저장 공간으로 활용하는 데 주로 사용됩니다. 빠른 읽기/쓰기 속도가 필요한 시스템 중심 스토리지에 적합합니다.

4. 파일 스토리지 여러 사용자가 네트워크를 통해 동시에 하나의 파일 시스템에 접근하여 파일을 공유하거나 편집해야 하는 협업 환경에 가장 적합합니다. 사용자에게 익숙한 폴더-파일 구조를 제공하기 때문입니다.

5. 클라우드 스토리지 요금은 주로 저장 용량, 입출력 작업 수(I/O Request), 그리고 데이터 전송량(Egress) 세 가지 기준에 따라 부과됩니다.

6. 스토리지 비용과 성능의 균형을 잡는 전략 중 하나는 데이터의 사용 빈도나 중요도에 따라 스토리지를 구분하여 사용하는 것입니다. 자주 사용되는 '뜨거운' 데이터는 빠르고 비싼 스토리지에, 거의 사용되지 않는 '차가운' 데이터는 느리지만 저렴한 스토리지에 보관하는 전략입니다.

요약

- 클라우드를 활용한 서비스나 시스템을 설계할 때, 데이터 스토리지의 선택이 중요합니다.

- 객체 스토리지는 단순하고 확장성이 뛰어나며, 백업이나 이미지 저장에 적합합니다.

- 블록 스토리지는 물리 디스크를 작게 쪼개어 저장하며, 가상 머신이나 데이터베이스에 사용됩니다.

- 파일 스토리지는 여러 사용자가 동시에 접근할 수 있는 폴더-파일 구조를 제공합니다.

- 클라우드 스토리지의 요금은 저장 용량, 입출력 작업 수, 데이터 전송량에 따라 부과됩니다.

- 스토리지 비용과 성능의 균형을 잡기 위해 데이터의 사용 빈도에 따라 스토리지를 구분하여 사용하는 것이 좋습니다.

- 스토리지 수명주기 관리는 데이터를 자동으로 다른 스토리지 계층으로 옮기거나 삭제하는 기능을 제공합니다.

05

네트워크

이번 장에서는 클라우드 네트워크의 핵심 개념들을 하나하나 짚어보며 정리해보려고 해요. 우리가 평소에 당연하게 사용하는 인터넷 연결도, 사실은 다양한 기술과 장치들이 서로 정교하게 맞물려 작동하고 있어요. 클라우드 환경에서도 마찬가지예요. IP 주소와 서브넷, 게이트웨이 같은 아주 기초적인 개념부터 시작해서, 공인 IP와 사설 IP의 차이, NAT와 방화벽 같은 보안 구성, 라우팅 방식까지 이해해야 안정적이고 효율적인 네트워크 설계를 할 수 있어요. 또한, VPN과 전용선을 활용한 보안 연결 방법, 로드 밸런서와 서비스 엔드포인트를 통한 트래픽 분산, DNS와 네이밍 서비스를 이용한 자동화된 주소 관리 방식까지도 다뤄볼 거예요. 마지막으로, 이 모든 것들이 실제로 어떻게 클라우드 가상 네트워크 구조 안에서 통합되는지를 살펴볼 거고요. 조금 복잡해 보일 수도 있지만, 하나씩 따라가다 보면 클라우드 네트워크가 어떻게 동작하고 설계되는지 자연스럽게 이해하게 될 거예요. 그럼, 함께 시작해볼까요?

5.1 IP 주소, 서브넷, 게이트웨이

클라우드를 이해하려면, 네트워크의 기본 개념을 빼놓을 수 없어요. 아무리 훌륭한 서버와 애플리케이션을 만들어도, 이들이 서로 연결되지 않으면 아무런 의미가 없기 때문이에요. 실제로 우리가 웹사이트에 접속하거나 서버와 통신하는 모든 과정은 보이지 않는 네트워크를 통해 이루어져요. 이 네트워크의 흐름을 이해하려면 먼저 IP 주소, 서브넷, 그리고 게이트웨이라는 세 가지 기본 개념을 정확히 알아야 해요.

먼저 IP 주소(Internet Protocol Address)부터 시작해볼게요. IP 주소는 인터넷 상에서 장치를 식별하는 고유한 주소예요. 집 주소가 있어야 택배를 받을 수 있는 것처럼, IP 주소가 있어야 데이터도 주고받을 수 있어요. IP 주소는 보통 네 개의 숫자 블록(예: 192.168.1.10)으로 구성되어 있고, 각 숫자는 0부터 255까지의 값을 가질 수 있어요. 이 주소는 단순한 이름표가 아니라, 네트워크 안에서 위치를 알려주는 지도 같은 역할을 해요.

> **참고** 우리가 흔히 접하는 IP 주소는 IPv4라고 불리는 방식이에요. 하지만 주소의 수가 한정되어 있기 때문에, 훨씬 더 많은 장치를 수용할 수 있는 IPv6라는 새로운 방식도 등장했어요. IPv6는 128비트 주소 체계를 사용해서 사실상 무한에 가까운 주소를 제공해요. 예를 들어 IPv4가 192.168.1.10처럼 짧은 숫자 조합인 반면, IPv6는 2001:0db8:85a3:0000:0000:8a2e:0370:7334처럼 긴 16진수 조합을 사용해요. 클라우드 환경에서도 점점 더 많은 서비스가 IPv6를 지원하고 있고, 특히 글로벌

> 서비스를 고려할 때는 이를 염두에 두고 네트워크를 설계하는 것이 좋아요.

IP 주소는 크게 두 부분으로 나뉘어요. 하나는 네트워크를 나타내기 위한 부분이고, 다른 하나는 네트워크 내의 장치를 식별하기 위한 부분이죠. 그 외에도 추가적인 정보로 IP 주소 네 자리 중, 어디까지가 네트워크를 나타내는 부분인지를 알려주는 서브넷(Subnet)이라는 정보도 있어요. 예를 들어서 알아볼게요.

서울시 강남구 대치동 홍길동이라는 주소가 있다고 가정해볼게요. 대부분의 사람들은 서울시 강남구 대치동이 지역 주소이고, 홍길동이 그곳에 사는 사람의 이름이라는 것을 자연스럽게 이해할 수 있어요. 하지만 우리나라 주소 체계에 익숙하지 않은 외국인이라면 혼란스러울 수 있어요. 예를 들어, '동'이라는 문자가 반복되어 주소가 이상하다고 오해할 수도 있고, 사람 이름이 빠졌다고 착각할 수도 있죠. 그래서 이런 혼란을 줄이기 위해, 처음 세 단어까지는 주소라는 것을 명확히 알려주는 것이 중요해요. 이것이 바로 서브넷의 역할이에요. 주소의 시작부터 세 단어까지는 주소라는 것을 알려주면 그 다음에 오는 홍길동이 사람 이름이라는 것도 자연스럽게 이해할 수 있는 거죠. 이제 IP 주소로 돌아가 봅시다.

192.168.10.25라는 IP 주소와 255.255.255.0이라는 서브넷 마스크가 주어졌다고 해볼게요. 이 경우 192.168.10은 네트워크 주소이고, 25는 해

당 네트워크 안의 호스트를 나타내요. 반면, 255.255.0.0이라는 서브넷을 사용한다면 192.168이 네트워크 주소가 되고, 10.25가 호스트 번호가 돼요.

그런데 이처럼 서브넷을 매번 네 자리 숫자로 쓰는 것은 번거로울 수 있어서, 더 간단한 표기법인 CIDR(Classless Inter-Domain Routing, 사이더)이 등장했어요. 이는 서브넷을 이진수로 바꿨을 때, 왼쪽부터 1이 몇 비트 연속으로 나타나는지를 /숫자 형태로 표현하는 방식이에요. 예를 들어 255.255.255.0은 /24, 255.255.0.0은 /16이라고 쓸 수 있어요.

> **참고** 서브넷을 서브넷 마스크(Mask)라고도 불러요. 마스크는 무엇을 가린다는 뜻이죠. IP 주소에서 네트워크 부분을 찾아내는 방법으로 IP 주소와 서브넷을 AND 연산해서 구해올 수 있어요. 이렇게 AND 연산을 사용하면 숫자에서 원하는 위치의 값을 가릴 수 있어요. 그래서 서브넷 마스크 라고 한답니다.

서브넷은 이처럼, 큰 네트워크를 여러 개의 작은 네트워크로 나누는 작업이에요. 이를 통해 서로 다른 목적을 가진 시스템들을 구분하거나, 보안을 위해 네트워크를 나누는 데 사용할 수 있어요. 예를 들어, 하나의 회사 내부에서 개발팀, 마케팅팀, 운영팀이 각각 다른 네트워크 안에서 활동하도록 나누고 싶을 때, 서브넷을 이용해 구분할 수 있어요. 이렇게 하면 특정 서브넷 간에는 접근을 제한하고, 내부적으로만 연결되도록 설정할 수 있어요.

이제 게이트웨이(Gateway) 개념을 살펴볼 차례예요. 게이트웨이는 쉽게 말해 '출입문'이에요. 네트워크 안의 장치가 다른 네트워크와 통신하고 싶을 때는 반드시 이 출입문을 통과해야 해요. 예를 들어 어떤 서버가 인터넷과 연결되어 있지 않은 내부 네트워크에 있다가 외부의 서비스와 통신하고 싶다면, 먼저 자신의 게이트웨이를 통해 나가야 해요. 마치 사무

실에서 엘리베이터를 타고 로비를 지나 바깥으로 나가는 것처럼요. 그래서 게이트웨이는 외부와 내부를 연결해주는 중계 지점이자, 네트워크 상의 경계선이라고 생각하면 돼요.

클라우드에서는 이 IP 주소, 서브넷, 게이트웨이를 사용자가 직접 구성해야 할 때가 많아요. 예를 들어 가상 네트워크(VPC 또는 VNet)를 생성할 때, 몇 개의 서브넷으로 나눌 것인지, 그 안에 어떤 IP 대역을 사용할 것인지, 외부 인터넷과 통신할 게이트웨이는 어디로 지정할 것인지를 사용자가 직접 설계해야 해요. 이는 보안, 성능, 확장성 측면에서 아주 중요한 결정이기 때문에, 이 세 가지 개념을 정확히 이해하고 있어야 올바른 구성을 할 수 있어요.

정리하자면,

- IP 주소는 장치의 위치를 나타내는 고유한 주소,
- 서브넷은 네트워크를 작게 나누는 방법,
- 게이트웨이는 서로 다른 네트워크를 오가는 문이에요.

이 세 가지는 마치 지도 위의 주소, 구역, 출입구처럼 서로 연결되어 있어요. 클라우드 네트워크 설계는 결국 이들을 어떻게 나누고, 어떻게 연결할지를 결정하는 과정이에요. 이 기본을 잘 이해하면, 클라우드에서 네트워크를 설정할 때 훨씬 수월해지고, 나중에 방화벽이나 라우팅 같은 고급 주제를 배울 때도 쉽게 넘어갈 수 있어요.

5.2 공인 IP와 사설 IP

앞 절에서 IP 주소란 네트워크에서 장치들을 구분하기 위한 고유한 주소라고 배웠어요. 그런데 이 IP 주소에는 두 가지 서로 다른 종류가 있어요. 하나는 공인 IP(공개 IP, Public IP)이고, 다른 하나는 사설 IP(Private IP)예요. 이 둘은 목적도 다르고, 동작 방식도 다르기 때문에 반드시 구분해서 이해해야 해요. 특히 클라우드 환경에서는 이 둘을 상황에 따라 잘 조합해서 사용해야 하는 일이 많기 때문에 더욱 중요해요.

먼저 공인 IP부터 살펴볼게요. 공인 IP는 말 그대로 인터넷 상에서 공식적으로 등록되어 누구나 접근할 수 있는 주소예요. 전 세계적으로 유일한 주소이기 때문에, 전 세계 어디에서든 이 주소로 접속할 수 있어요. 예를 들어 웹사이트 주소를 입력하면, 실제로는 그 웹사이트가 연결된 서버의 공인 IP 주소를 찾아서 접속하게 되는 것이에요. 클라우드에서도 외부에서 접근 가능한 웹 서버나 API 서버를 만들 때는 반드시 공인 IP를 설정해야 해요. 그래야 사람들이 인터넷을 통해 그 서버에 접근할 수 있거든요.

하지만 공인 IP 주소는 아무나 막 쓸 수 없어요. 전 세계에서 사용할 수 있는 수량이 제한되어 있기 때문에, 보통은 일정 비용을 내고 임대하거나 할당받아야 해요. 게다가 보안 문제도 있어요. 누구나 접근 가능한 주소이기 때문에, 의도치 않은 공격이나 스캔 대상이 되기도 해요. 그래서 운영자는 공인 IP가 노출된 서버에 방화벽이나 접근 제어 같은 보안 장치를 꼭 설정해야 해요.

반면에 사설 IP는 좀 더 조용하고 폐쇄적인 개념이에요. 사설 IP는 외부

에서는 보이지 않고, 내부 네트워크 안에서만 사용되는 주소예요. 우리가 집에서 공유기를 쓰고 있을 때, 노트북이나 스마트폰이 받는 IP 주소는 대부분 사설 IP예요. 이 장치들은 외부에서 직접 접근할 수 없고, 같은 네트워크 안에서만 서로 통신할 수 있어요.

사설 IP 주소는 몇 가지 정해진 대역만 사용할 수 있어요. 예를 들면 192.168.x.x, 10.x.x.x, 172.16.x.x ~ 172.31.x.x 같은 범위가 사설 IP로 예약되어 있어요. 이 범위의 IP들은 전 세계 누구든, 어디서든 내부 용도로 자유롭게 쓸 수 있어요. 그래서 같은 192.168.1.10이라는 IP가 서울의 어느 집, 부산의 어느 사무실, 뉴욕의 어떤 회사에서 동시에 쓰이고 있어도 전혀 충돌이 나지 않아요. 왜냐하면 이 주소들은 인터넷 바깥에서 '보이지 않기' 때문이에요.

그렇다면 이런 사설 IP를 가진 장치는 어떻게 인터넷을 사용할 수 있을까요? 바로 여기서 NAT(Network Address Translation)라는 기술이 등장해요. NAT는 한 마디로, 사설 IP를 공인 IP로 바꿔주는 중간 변환기예요. 사설 IP를 가진 장치가 인터넷으로 데이터를 보내면, 그 요청을 받아서 자신의 공인 IP로 바꿔서 외부로 내보내고, 다시 응답이 돌아오면 원래의 사설 IP로 되돌려서 내부 장치에게 전달해주는 식이에요.

이 NAT 구조 덕분에 우리는 가정이나 회사에서 수십, 수백 개의 장치가 하나의 공인 IP만으로도 인터넷을 사용할 수 있게 된 거예요. 물론 클라우드 환경에서도 이 개념은 그대로 적용돼요. 예를 들어 클라우드 상에 있는 여러 개의 가상 머신들이 모두 사설 IP를 사용하면서, 외부와 통신이 필요할 때는 NAT를 통해 하나의 공인 IP를 공유하게 만들 수 있어요.

정리하자면,

- 공인 IP는 외부에서 접근 가능한 고유한 주소이고,
- 사설 IP는 내부 네트워크 안에서만 사용되는 주소예요. 공인 IP는 제한되어 있고, 비용이 들며, 보안에 신경 써야 하지만 외부 연결에 필수이고, 사설 IP는 유연하고 비용이 들지 않지만, 외부와 직접 연결되지는 않아요.

클라우드를 설계할 때는 외부와 직접 연결되는 자원(예: 웹서버, API 게이트웨이 등)은 공인 IP를 사용하게 하고, 내부 시스템(예: DB 서버, 관리용 서버 등)은 사설 IP만 사용하도록 구성하는 것이 일반적이에요. 그리고 그 중간에는 NAT의 역할을 하는 장치가 있어, 둘 사이의 연결을 도와주지요. 이제 우리는 네트워크 상에서 주소가 단지 숫자의 나열이 아니라, 통신의 구조와 흐름을 결정하는 역할을 한다는 걸 이해하게 되었어요. 다음 절에서는 이러한 흐름을 실제로 제어하는 장치들—라우터, NAT, 방화벽 등에 대해 더 깊이 들어가 보려고 해요. 점점 더 클라우드 네트워크의 실체에 가까워지고 있어요.

5.3 NAT, 방화벽, 라우팅

네트워크는 단순히 두 컴퓨터를 연결하는 것만으로 끝나지 않아요. 실제로 데이터가 오고 가는 길에는 여러 종류의 장치와 다양한 규칙들이 작용하고 있어요. 이 장치들은 단지 데이터를 전달하는 데 그치지 않고, 때로는 주소를 바꾸기도 하고, 추가적인 보안 규칙을 적용하기도 하고, 경로를 정해서 전달하는 일도 함께 해요. 이번 절에서는 그중에서도 클라우드 환경에서 자주 등장하는 NAT(Network Address Translation), 방화벽

(Firewall), 라우팅(Routing)의 개념을 함께 정리해 볼게요.

먼저 NAT부터 다시 살펴볼까요? NAT는 '주소 변환기' 역할을 한다고 했죠. 앞서 이야기했듯, 사설 IP를 가진 장치가 인터넷으로 데이터를 보낼 수 있도록 공인 IP로 바꿔주는 역할을 하죠. 예를 들어 어떤 서버가 사설 IP 10.0.1.15를 가지고 있는데 외부와 통신해야 하는 경우, NAT는 이 요청이 나갈 때 공인 IP 주소로 바꾸고, 다시 응답이 들어오면 원래 사설 IP 주소로 되돌려서 보내줘요. 이 과정을 통해, 내부 IP는 외부에 노출되지 않으면서도 인터넷 통신이 가능해지는 거예요.

클라우드에서는 이 NAT 기능을 별도의 NAT 게이트웨이나 인터넷 게이트웨이 같은 장치로 제공합니다. 그리고 이러한 장치들은 대부분 무료가 아니예요. 왜냐하면 NAT 게이트웨이를 통과하는 트래픽은 '인터넷을 향해 나가는 트래픽'이고, 이는 클라우드 요금에서 중요한 과금 항목이기 때문이에요. 그래서 NAT 구성은 기능뿐 아니라 비용과 트래픽 설계에도 영향을 줘요.

이제 방화벽에 대해 이야기해 볼게요. 방화벽은 말 그대로 '불이 번지는 것을 막는 벽'이라는 뜻이지만, 네트워크에서는 원하지 않는 연결이나 접근을 차단하는 역할을 해요. 쉽게 말해, 누가 어디서, 어떤 방식으로 내 시스템에 접근하려고 할 때, 그 요청을 허용할지 말지를 결정하는 보안 규칙이에요.

클라우드에서는 이 방화벽 역할을 보통 보안 그룹(Security Group)이나 네트워크 ACL(Access Control List)이라는 이름으로 설정하게 돼요. 예를 들어 "웹 서버는 외부에서 80번 포트(HTTP)만 열어두자"라든지, "데이터베이스 서버는 내부 네트워크에서만 접근 가능하게 하자" 같은 설정을 하게 되죠. 방화벽 규칙이 없거나 잘못 설정하게 되면, 서비스를 외부에 노출하지 못하거나, 반대로 원치 않는 공격에 노출되기도 해요. 그래서 방화벽은 단순한 기술 설정이 아니라, 클라우드 네트워크의 안전을 지키는 중요한 수문장이에요.

마지막으로, 라우팅은 데이터를 어떤 경로를 통해서 보낼지를 결정하는 '길찾기' 과정이에요. 우리가 네비게이션 앱으로 목적지를 입력하면 앱이 경로를 계산해주듯이, 네트워크도 "이 IP 주소로 가려면 어느 경로를 따라가야 하는지"를 판단해서 데이터를 보냅니다. 이 역할을 하는 장치를

라우터(Router)라고 해요.

클라우드 환경에서는 사용자가 직접 라우팅 정보를 설정할 수도 있어요. 예를 들어, "이 서브넷에 있는 서버에서 나가는 트래픽은 NAT 게이트웨이로 보낸다"거나, "다른 지역의 네트워크로 가는 트래픽은 전용 회선을 사용한다"는 식으로 경로를 지정할 수 있어요. 라우팅 테이블은 생각보다 단순한 구조를 가지고 있어요. "어떤 IP 대역으로 가는 트래픽은 어디로 보낸다"는 규칙만 잘 정해주면 되지요.

사실, 라우팅은 단지 트래픽의 흐름만 조절하는 것이 아니라, 보안과 성능에도 영향을 줘요. 어떤 경로로 트래픽을 보낼지에 따라, 지연 시간(Latency)이 줄어들 수도 있고, 불필요한 외부 노출을 줄일 수도 있어요. 그래서 실제 클라우드 인프라를 설계할 때는, 단순히 "연결이 되느냐"를 넘어서 "어떻게 연결되느냐"까지도 고려하는 것이 중요해요.

정리하자면,

- NAT는 사설 IP를 공인 IP로 변환하여 외부 통신을 가능하게 해주는 기술이고,
- 방화벽은 외부에서 들어오는 요청을 선별하고 제어하는 보안 장치이며,
- 라우팅은 데이터를 어느 경로로 보낼지 결정하는 네트워크의 길잡이예요.

이 세 가지는 각기 다른 역할을 하면서도, 클라우드 네트워크의 안정성과 효율성을 함께 책임지고 있어요. 사용자가 직접 구성해야 할 부분도 많기 때문에, 단순한 기능 설명을 넘어서, 전체 흐름 속에서 어떻게 연결되는지를 이해하는 것이 중요해요.

다음 절에서는 이런 네트워크 구성을 확장하기 위한 도구인 VPN과 전용선에 대해 알아볼 예정이에요. 클라우드를 외부 사무실이나 회사 내부에 있는 시스템과 안전하게 연결하고 싶을 때, 어떤 방법들이 있는지 함께 살펴보도록 할게요.

5.4 VPN과 클라우드 전용선

클라우드를 사용하다 보면, 언젠가는 이런 상황에 마주치게 돼요. "클라우드에 있는 서버와 우리 회사 내부 시스템을 어떻게 연결하지?" 또는 "클라우드 리소스를 인터넷이 아닌, 더 안전한 방식으로 접근하고 싶은데 가능한가?"라는 질문이죠. 이런 요구에 답하기 위해 등장한 기술이 바로 VPN과 전용선이에요.

항목	VPN (Virtual Private Network)	클라우드 전용선 (Dedicated Line)
연결 방식	공용 인터넷을 통해 가상의 암호화된 터널 생성	기업과 클라우드/데이터센터 간 물리적인 전용 회선 구축
구축 비용	저렴함 (기존 인터넷망 활용)	고비용 (물리 회선 설치 및 유지 필요)
설치 속도	빠름 (소프트웨어 설정 중심)	느림 (물리적 공사 및 통신사 협의 필요)
보안 수준	암호화로 보호되지만 인터넷 기반이라 위험 요소 존재	외부 노출 없이 안전한 통신 가능
속도 및 품질	인터넷 품질에 따라 변동 가능	안정적이고 고속의 대역폭 제공
확장성	유연하게 확장 가능 (지점 추가 쉬움)	확장 어려움 (지점당 별도 회선 필요)
사용 예시	원격 근무, 관리용 접속, 일반 업무	대규모 서비스 운영, 실시간 데이터 전송, 금융·제조 환경 등

먼저 VPN(Virtual Private Network)부터 살펴볼게요. 이름만 보면 뭔가 거창해 보이지만, 개념은 꽤 간단해요. VPN은 말 그대로 인터넷 위에 가상의 전용 네트워크를 하나 만들어서, 마치 사설망처럼 안전하게 데이터를 주고받을 수 있게 해주는 기술이에요. 즉, 실제로는 인터넷을 이용하되, 외부에서는 볼 수 없도록 데이터를 암호화해서 전송하는 방식이지요.

비유하자면, VPN은 고속도로 한복판에 '내부 사람들만 다닐 수 있는 터널'을 만드는 것과 같아요. 겉보기엔 모두가 같은 길을 쓰고 있지만, 그 안에서는 누구도 내 통신 내용을 들여다볼 수 없어요. 그래서 기업에서는 본사와 지사 간, 혹은 회사 내부망과 클라우드 간을 연결할 때 VPN을 자주 사용해요. 비용이 저렴하고, 유연하게 구성할 수 있기 때문이에요.

클라우드에서는 이 VPN을 구성할 수 있는 기능이 기본으로 제공돼요. 사용자는 클라우드 상에 'VPN 게이트웨이'를 하나 만들어서, 사무실 라우터나 개인 PC의 VPN 클라이언트와 연결하면 돼요. 이렇게 하면 외부 인터넷을 거치긴 하지만, 암호화된 채널을 통해 클라우드와 안전하게 통신할 수 있게 되는 것이지요. 특히 관리자나 운영자가 개인용 노트북에서 클라우드 자원에 안전하게 접속하고 싶을 때 VPN은 매우 유용해요.

하지만 VPN은 인터넷을 기반으로 하기 때문에, 품질은 결국 인터넷 연결 상태에 따라 달라져요. 예를 들어 화상회의나 대용량 데이터 전송처럼 지연에 민감하거나 안정성이 중요한 경우에는 VPN만으로는 부족할 수 있어요. 이런 상황에서는 전용선(전용 회선, Direct Connection)이 더 적합할 수 있어요.

전용선은 말 그대로 회사 내부 네트워크와 클라우드 간을 직접 물리적으로 연결한 전용 통신선이에요. 일반 인터넷을 아예 거치지 않고, 사설 네트워크를 통해 클라우드와 연결되기 때문에, 속도도 빠르고, 안정성도 높고, 보안도 뛰어나요. 특히 클라우드를 통해 내부 시스템과 데이터베이스를 연결하거나, 실시간 연동이 필요한 산업 시스템을 운영할 때는 전용선이 거의 필수로 사용돼요.

예를 들어 어떤 대기업이 서울 본사에서 클라우드에 저장된 대규모 ERP 시스템을 매일 사용해야 한다고 해볼게요. 이럴 때 일반 인터넷을 쓰면 속도가 느리거나 끊김이 발생할 수 있어요. 반면 전용선을 사용하면 사무실에서 클라우드까지 마치 같은 내부망처럼 빠르게 접근할 수 있어요. 다만, 전용선은 구성도 복잡하고, 비용도 꽤 높아요. 회선 설치가 필요하고, 지역에 따라 서비스 가능 여부가 다르기도 해요. 그래서 대부분의 중

소기업이나 개인 사용자들은 VPN을 우선 선택하고, 전용선은 비즈니스 규모와 중요도에 따라 필요할 때 고려하게 돼요.

정리하자면,

- VPN은 인터넷 위에 암호화된 안전한 통신 경로를 만드는 기술이고,
- 전용선은 물리적으로 클라우드와 회사를 직접 연결하는 고속 통신망이에요.
- VPN은 비교적 저렴하고 빠르게 구축할 수 있지만 품질은 인터넷 환경에 영향을 받고, 전용선은 높은 성능과 안정성을 제공하지만 비용과 설정 부담이 있어요.

클라우드를 안전하고 안정적으로 연결하려면, 단순히 '외부 접속이 되느냐'보다, 누가, 언제, 어디서, 어떤 방식으로 클라우드와 연결되는가를 따져보고 그에 맞는 연결 방식을 선택하는 것이 중요해요. 그리고 그 선택은 기술적 고려뿐 아니라, 보안, 비용, 운영 편의성까지 모두 포함한 판단이어야 해요.

5.5 로드 밸런서와 서비스 엔드포인트

클라우드 환경에서 하나의 서비스는 더 이상 하나의 서버만으로 운영되지 않아요. 사용자의 수가 늘어나고, 기능이 복잡해지며, 성능과 안정성이 중요해지면서, 하나의 서비스를 여러 대의 서버나 컨테이너에 나눠서 운영하는 것이 기본이 되었어요. 이렇게 여러 대의 서버 중 어느 서버가

사용자의 요청을 처리할지를 결정한 후, 그 요청을 적절히 분산시켜 주는 역할을 하는 것이 바로 로드 밸런서예요.

이름 그대로, 로드 밸런서는 '부하(Load)'를 '균형 있게 나눠(Balance)'주는 장치예요. 사용자 한 명이 웹사이트에 접속하면 큰 문제가 없지만, 동시에 수천 명, 수만 명이 접속하면 어떤 일이 벌어질까요? 한 대의 서버만 사용한다면 CPU와 메모리 사용량이 급증하고, 처리 속도가 느려지거나 시스템이 아예 멈출 수도 있어요. 이를 방지하기 위해 서버를 여러 대로 나누고, 그 중 누가 요청을 처리할지를 결정해주는 중간 관리자 역할을 맡는 것이 로드 밸런서예요.

요청을 나누는 방식에도 여러 가지가 있어요. 가장 단순한 방식은 순서대로 요청을 보내는 거예요. 이를 라운드 로빈(Round robin) 방식이라고 하는데요. 첫 번째 요청은 A서버, 두 번째 요청은 B서버, 이런 식이죠. 하지만 실제 운영에서는 조금 더 똑똑한 방법들이 사용돼요. 어떤 서버의

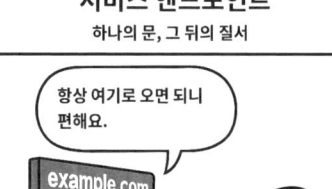

부하가 낮은지를 실시간으로 판단해서 거기로 요청을 보내거나, 최근 응답 속도가 빠른 서버에 우선적으로 요청을 보내는 방식도 있어요. 서버가 너무 느리거나 고장 났을 때는 그 서버를 자동으로 제외하고 다른 서버들로 요청을 보내기도 해요. 이를 통해 서비스는 항상 정상적으로 작동하는 것처럼 보이지만, 실제로는 그 뒤에서 수많은 판단과 조율이 일어나고 있는 거예요.

> **참고** 라운드 로빈의 어원은 프랑스의 Ruban Rond(둥근 리본)예요. 중세 프랑스에서 공동 청원서를 작성할 때, 책임자 없이 모든 사람이 평등하게 보이도록 하기 위해서 서명을 원형으로 한 것에서 유래 했어요. 그런데 이 개념이 시간이 지나면서 변형되어서, 최근에는 차례대로 돌아가며 참여하는 방식 혹은 모두가 순서대로 동등하게 대우 받은 방식 라는 의미로 쓰이고 있죠.

그리고 이런 구조를 가능하게 해주는 또 하나의 개념이 바로 서비스 엔드포인트예요. 사용자는 서비스를 이용할 때 복잡한 서버 구조를 알 필요가 없어요. 단지 하나의 주소, 예를 들어 example.com만 알고 있으면 돼요. 이 주소가 바로 서비스 엔드포인트예요. 겉으로 보이는 이 하나의 접점 뒤에는 로드 밸런서가 숨어 있고, 그 뒤에는 실제로 요청을 처리하는 여러 대의 서버가 대기하고 있는 구조예요.

이렇게 하면 운영자는 언제든지 서버를 늘리거나 줄일 수 있어요. 사용자는 계속 같은 주소로 접속하지만, 내부에서는 더 많은 서버가 요청을 처리하거나, 유지보수 중인 서버는 빠지기도 해요. 개발자는 새로운 버전의 소프트웨어를 일부 서버에만 먼저 적용해서 테스트한 뒤 점차 전체로 확대하는 방식도 사용할 수 있어요. 이 모든 것이 서비스 엔드포인트와 로드 밸런서 구조를 통해 가능해지는 거예요.

또한 서비스 엔드포인트는 외부용과 내부용으로 나뉘어 구성되기도 해요. 외부 엔드포인트는 인터넷 사용자들이 접근하는 입구이고, 내부 엔드포인트는 클라우드 내부에서 시스템끼리 통신할 때 사용하는 통로예요. 예를 들어 웹 서버는 외부에서 접속할 수 있도록 하지만, 내부 데이터베이스 서버는 외부 노출 없이 웹 서버에서만 접근 가능하도록 구성하는 거예요. 이런 식으로 외부와 내부의 통신 경로를 구분하면 보안성도 높아지고, 네트워크 성능도 개선할 수 있어요.

실제 기업에서는 로드 밸런서와 서비스 엔드포인트 구성을 통해 고성능 서비스와 안정적인 사용자 경험을 동시에 제공하고 있어요. 어떤 회사는 로드 밸런서를 통해 사용자가 위치하고 있는 지역에서 가장 가까운 서버로 자동 연결되도록 구성해요. 예를 들어 한국에서 접속한 사용자는 한국에 있는 서버에서 응답을 받고, 미국에서 접속한 사용자는 미국 서버에서 처리되도록 하는 거죠. 이렇게 하면 응답 속도도 빨라지고 트래픽 비용도 줄어들어요. 이런 걸 위치 기반 라우팅이라고 해요.

또한 이벤트 기간이나 광고 캠페인처럼 사용자 수가 갑자기 급증할 때, 기존 서버만으로는 감당하기 어려울 수 있어요. 이때에는 엔드포인트 주소는 그대로 유지되니까, 로드 밸런서 뒤에 서버를 더 추가하기만 하면 되죠. 사용자에게는 아무런 변화가 없어요. 운영자는 빠르게 대응할 수 있고, 사용자는 안정적으로 서비스를 이용할 수 있는거죠.

정리하자면, 로드 밸런서와 서비스 엔드포인트는 클라우드 기반 서비스에서 빠질 수 없는 핵심 구성 요소예요. 요청을 어떻게 분산할 것인지, 접속 지점을 어떻게 관리할 것인지에 따라 서비스의 안정성과 확장성, 그리고 보안성이 크게 달라질 수 있어요. 클라우드를 제대로 활용하려면 서버 하나하나만 보는 것이 아니라, 그 서버들을 어떻게 연결하고 조율할 것인지도 함께 생각해야 해요. 바로 그 역할을 이 두 개념이 맡고 있는 거예요.

5.6 DNS와 클라우드 네이티브 네이밍 서비스

인터넷에서 어떤 웹사이트에 접속할 때 우리는 보통 www.example.com 같은 이름을 입력해요. 그런데 실제 컴퓨터들은 이런 이름을 이해하지 못하고, 숫자로 된 IP 주소를 사용해 통신해요. 예를 들어 203.0.113.10 같은 숫자 말이에요. 사람은 이름이 편하고, 컴퓨터는 숫자가 필요하니, 이 둘을 연결해주는 전화번호부 같은 시스템이 필요한데요. 바로 그것이 DNS(Domain Name System)예요.

DNS는 인터넷의 기본 중의 기본이에요. 우리가 주소창에 입력한 도메인 이름을 실제 IP 주소로 바꿔주는 역할을 해요. 마치 전화번호 없이 친구 이름만 저장해놓고 전화를 걸 수 있는 것처럼, DNS는 도메인 이름을 통해 네트워크 통신을 훨씬 더 쉽고 친숙하게 만들어줘요.

기본 구조는 단순하지만, 클라우드 환경에서는 조금 더 복잡한 요구가 생겨요. 특히 클라우드에서는 서버나 컨테이너가 수시로 만들어지고 없어지기 때문에, 고정된 IP를 사용하는 것이 점점 어렵고 비효율적이게 되었어요. 그렇다 보니 DNS와 유사한 역할을 하되, 훨씬 더 유연하고 자동화된 방식의 네이밍 서비스가 필요해졌어요. 이런 배경 속에서 등장한 것이 바로 클라우드 네이티브 네이밍 서비스예요.

클라우드 네이티브 환경에서는 수동으로 도메인을 등록하고 IP를 할당하는 방식 대신, 시스템이 자동으로 이름을 붙이고 그에 해당하는 위치(IP나 엔드포인트)를 실시간으로 연결해줘요. 예를 들어 컨테이너가 하나 새로 생성되면, 그 컨테이너는 자동으로 my-service.default.svc.local과 같은 이름을 부여받고, DNS 시스템이 그 이름을 실제 네트워크 위치로 연결해줘요. 사용자는 단지 그 이름으로 접근하면 되고, 해당 서비스가 어느 서버에 위치해 있는지는 알 필요도 없고 신경 쓸 필요도 없어요.

이런 네이밍 방식은 특히 컨테이너 오케스트레이션 환경에서 많이 사용

돼요. 쿠버네티스 같은 시스템에서는 서비스가 생기면 자동으로 네임서버에 등록되고, 다른 서비스가 그 이름으로 접근할 수 있게 돼요. 예를 들어 A라는 서비스가 있고, B라는 서비스가 A에 접근해야 한다면, 단순히 A서비스라는 이름만 알고 있으면 돼요. A가 어디서 실행되든, IP가 몇 번이든 관계없이 항상 같은 이름으로 접근할 수 있어요.

이런 구조의 장점은 명확해요. 먼저 유연성이 높아요. 컨테이너나 가상 머신의 위치가 바뀌어도 서비스 이름은 그대로 유지되니까, 네트워크 구성에 손댈 필요가 없어요. 둘째, 자동화가 가능해요. 사람이 직접 도메인 이름을 등록하거나 IP를 확인하지 않아도, 시스템이 알아서 서비스 이름과 위치를 연결해줘요. 셋째, 서비스 간 통신이 쉬워져요. 클라우드 내부에서 마이크로서비스들이 서로 대화해야 할 때, 서비스 이름만 알면 서로 통신할 수 있기 때문이죠.

또한 일부 클라우드 환경에서는 프라이빗 DNS나 내부 전용 네이밍 서비스도 함께 제공해요. 이를 활용하면 외부에 노출되지 않는 안전한 네트워크 내에서, 내부 서비스들끼리 효율적으로 통신할 수 있어요. 예를 들어 내부 데이터베이스, 인증 서버, 메시지 큐 등을 각각 고유한 이름으로 정의해두면, 보안성과 관리 편의성을 모두 확보할 수 있어요.

정리하자면, DNS는 인터넷에서 이름을 관리하는 기본 도구지만, 클라우드 환경에서는 그 이상이 필요해졌어요. 더 빠르고, 더 유연하고, 더 자동화된 방식이 필요했기 때문에 클라우드 네이티브 네이밍 서비스가 등장하게 된 거예요. 이제는 단순히 IP 주소를 기억하고 관리하는 시대를 넘어서, '이름 기반의 네트워크 설계'가 당연한 시대가 된 셈이에요. 이런 흐름을 이해하고 활용할 수 있어야, 클라우드 환경에서도 서비스

간 연결과 관리를 효율적으로 해나갈 수 있어요.

5.7 클라우드 가상 네트워크 구조

이제까지 우리는 IP 주소, 서브넷, NAT, 방화벽, 라우팅, 그리고 VPN과 전용선까지 클라우드 네트워크의 기본 요소들을 하나씩 살펴보았어요. 그런데 막상 클라우드에 서버를 하나 띄우려고 하면, 이런 구성 요소들을 하나하나 직접 배치하고 연결하는 것이 아니라, 먼저 가상 네트워크(Virtual Network)라는 단위부터 만들게 돼요. 클라우드에서는 이걸 흔히 VPC(Virtual Private Cloud) 또는 VNet(Virtual Network)이라고 부르지요.

이 가상 네트워크는 쉽게 말해, 내가 원하는 네트워크 구조를 클라우드 안에 그대로 재현한 가상 공간이에요. 사무실 건물에 벽과 방을 나누고, 문을 달고, 출입 규칙을 정하듯, 클라우드에서도 가상의 네트워크 안에 서버들을 배치하고, 이들 간의 연결과 외부 통신 방식을 직접 설계할 수 있게 해주는 틀이라고 볼 수 있어요.

VPC를 만들 때, 먼저 해야 할 일은 IP 주소의 범위를 정하는 것이에요. 예를 들어 10.0.0.0/16처럼 전체 네트워크 주소 범위를 지정하면, 이 범위 안에서 여러 개의 서브넷을 만들 수 있어요. 각각의 서브넷은 방 하나처럼 역할을 분담할 수 있어요. 예를 들어 10.0.1.0/24는 웹 서버용, 10.0.2.0/24는 데이터베이스용, 10.0.3.0/24는 관리 서버용처럼 나누는 것이죠. 이렇게 나누면, 서로 다른 역할의 서버들을 논리적으로 분리할 수 있고, 각 서브넷마다 접근 권한이나 트래픽 흐름을 다르게 설정할 수 있어요.

VPC 내부에는 여러 서버(가상 머신)를 띄울 수 있는데, 이 서버들은 기본적으로 사설 IP 주소를 받아요. 그래서 외부에서는 직접 접근할 수 없고, 필요에 따라 공인 IP를 부여하거나 NAT 게이트웨이를 연결해줘야 해요. 예를 들어 웹 서버에는 공인 IP를 부여해서 인터넷에서 접속 가능하게 하고, 데이터베이스 서버는 사설 IP만 쓰도록 제한하는 방식이에요. 이 구성이 바로 보안성과 개방성 사이의 균형을 잡는 방법이에요.

또한 VPC 안에는 라우팅 테이블이 존재해요. 라우팅 테이블은 "이쪽으로 가는 트래픽은 어디로 보내라"는 일종의 교통 지도라고 했죠. 예를 들어 외부로 나가는 모든 트래픽은 NAT 게이트웨이를 거쳐라, 또는 특정 IP 대역으로 가는 트래픽은 전용선을 통해 연결된 온프레미스(사내 시스템)로 보내라는 식의 경로를 지정해주는 거죠.

여기에 더해, 보안 그룹(Security Group)과 네트워크 ACL을 이용해 방화벽 기능도 구현할 수 있어요. 보안 그룹은 서버에 적용되는 출입 규칙이고, ACL은 서브넷 단위의 네트워크 출입 규칙이에요. 누구는 들어올 수 있고, 누구는 나갈 수 없고, 어느 포트는 열고 닫을지를 세밀하게 조정할 수 있어요.

VPC의 가장 큰 장점은, 내가 원하는 대로 자유롭게 구성할 수 있다는 점이에요. 클라우드 제공자가 만들어 놓은 공용 네트워크가 아니라, 사용자 스스로 설계하고 통제하는 사설 네트워크라는 거예요. 그래서 이름도 Virtual Private Cloud인 것이지요. 동시에, 클라우드의 장점인 확장성과 유연성은 그대로 누릴 수 있어요. 서브넷을 추가하거나 삭제하고, IP 대역을 넓히고 줄이는 일이 물리적인 배선이나 장비 없이 몇 분 만에 가능해요.

현실적으로 보면, 하나의 VPC 안에 여러 서브넷과 수많은 서버, 데이터 베이스, 로드 밸런서, 보안 장치들이 함께 들어가 있고, 이들을 어떻게 나누고 연결할지가 바로 네트워크 설계의 핵심이에요. 그리고 이 설계는 성능, 보안, 유지보수, 비용에 모두 영향을 미쳐요. 그래서 클라우드 네트워크는 단순히 "연결이 되게 하자"가 아니라, "어떻게 연결하고, 어떻게 격리하며, 어떻게 보호할 것인가"를 설계하는 일이 되는 거예요.

이제까지의 내용을 하나로 정리하면, 클라우드에서 네트워크를 구성할 때는

- 먼저 VPC라는 가상의 틀을 만들고,
- 그 안에 서브넷을 나누고,
- 서버(가상 머신)를 띄우고,
- 라우팅 테이블로 흐름을 설정하고,
- 방화벽으로 출입을 조절하고,
- 필요하면 공인 IP나 VPN, 전용선으로 외부와 연결하는 구조를 갖게 돼요.

이 전체 구조를 이해하면, 클라우드 네트워크 설계가 더 이상 두렵거나 낯설지 않게 느껴질 거예요.

핵심개념 퀴즈

1. IPv4와 IPv6의 가장 큰 차이점은 무엇이며, IPv6는 몇 비트 주소 체계를 사용하나요?

2. IP 주소에서 네트워크 부분을 어디까지인지 알려주는 추가 정보는 무엇이며, 이 정보를 더 간단하게 표현하기 위해 등장한 표기법은 무엇인가요?

3. 클라우드 네트워크 설계에서 이러한 서브넷을 사용하는 주된 목적은 무엇인가요? (소스 내용을 바탕으로 두 가지 이상 설명해주세요.)

4. 네트워크 안의 장치가 다른 네트워크와 통신하려면 '출입문' 역할을 하는 장치를 통과해야 한다고 합니다. 이 '출입문' 역할을 하는 네트워크 장치의 개념은 무엇이며, 어떤 기능을 수행하나요?

5. 외부 인터넷에서 공식적으로 접근 가능하고 전 세계적으로 유일한 주소는 무엇인가요? 반대로 외부에 보이지 않고 내부 네트워크 안에서만 사용되며, 특정 대역만 사용 가능한 주소는 무엇인가요?

6. NAT는 어떤 역할을 수행하여 사설 IP 장치가 인터넷 통신을 가능하게 만드나요?

7. 클라우드 환경에서 여러 대의 서버로 서비스를 운영할 때, 사용자 요청을 적절히 분산시켜주는 역할을 하는 장치는 무엇인가요? 또한 사용자가 실제 서버 구조를 알 필요 없이 하나의 주소로 서비스에 접근할 수 있게 해주는 접점은 무엇인가요?

정답

1. IPv4는 주소 수가 한정적이지만, IPv6는 128비트 주소 체계를 사용하여 사실상 무한에 가까운 주소를 제공합니다.

2. 네트워크 부분을 알려주는 정보는 서브넷(Subnet) 또는 서브넷 마스크(Subnet Mask)입니다. 이를 간단하게 표현하는 표기법은 CIDR(Classless Inter-Domain Routing)입니다.

3. 서로 다른 목적을 가진 시스템들을 구분하거나, 보안을 위해 네트워크를 나누는 데 사용할 수 있습니다. 각 서브넷마다 접근 권한이나 트래픽 흐름을 다르게 설정할 수 있습니다.

4. 이 개념은 게이트웨이(Gateway)입니다. 게이트웨이는 다른 네트워크와 통신하기 위해 통과해야 하는 출입문 또는 외부와 내부를 연결해주는 중계 지점이자 네트워크 상의 경계선 역할을 합니다. 서로 다른 네트워크를 오가는 문이라고도 합니다.

5. 외부에서 접근 가능한 유일한 주소는 공인 IP(Public IP)이고, 내부 네트워크에서만 사용되는 주소는 사설 IP(Private IP)입니다. 사설 IP는 192.168.x.x, 10.x.x.x 등 특정 대역을 사용합니다.

6. 사설 IP 장치의 요청을 받아 자신의 공인 IP로 변환하여 외부로 내보내고, 응답이 돌아오면 다시 원래 사설 IP로 되돌려 전달해줍니다.

7. 사용자 요청을 분산시켜주는 장치는 로드 밸런서(Load Balancer)이고, 사용자가 서비스에 접근하는 하나의 접점은 서비스 엔드포인트(Service Endpoint)입니다.

요약

- IP 주소는 네트워크 안에서 장치들이 서로를 찾아가고 데이터를 주고받기 위한 고유한 주소입니다.

- 서브넷은 큰 네트워크를 여러 개의 작은 네트워크로 나누는 작업입니다.

- 게이트웨이는 네트워크 안의 장치가 다른 네트워크와 통신할 때 반드시 통과해야 하는 출입문 역할을 합니다.

- 로드 밸런서는 사용자 요청을 적절히 분산해주는 역할을 합니다.

- DNS 시스템은 example.com과 같은 이름을 실제 IP 주소로 바꿔주는 역할을 합니다.

- 클라우드 네이티브 네이밍 서비스는 서버나 컨테이너가 자주 생성되고 사라지기 때문에 유연하고 자동화된 방식의 네이밍 서비스를 제공합니다.

- 클라우드에서는 가상 네트워크(VPC 또는 VNet)를 만들고, 서브넷을 나누고, 라우팅 테이블과 보안 정책을 설정해야 합니다.

06

인프라스트럭쳐 코드화 (IaC)

이번 장에서는 인프라를 코드로 관리하는 방식인 IaC(Infrastructure as Code, 인프라스트럭처 코드화)에 대해 다뤄요. 클라우드 환경이 복잡해지면서 클릭으로 설정하던 수작업 방식은 오류와 혼란의 원인이 되었고, 이를 해결하기 위한 방법으로 IaC가 등장했어요. 처음에는 IaC가 왜 필요한지, 그리고 수작업의 어떤 문제가 반복적으로 발생하는지를 살펴보고요. 이어서 대표적인 IaC 도구들인 테라폼, 클라우드포메이션, 바이셉의 특징과 차이를 비교해봐요. 마지막으로는 IaC를 통해 비용을 절감하고 환경을 일관되게 유지하는 전략도 함께 알아볼 거예요. 이 장을 통해, 클라우드 인프라를 더 체계적이고 효율적으로 운영하는 방법에 대한 감을 잡을 수 있을 거예요.

6.1 IaC의 등장 배경과 필요성

클라우드 환경은 마치 자동판매기처럼 클릭 몇 번만으로도 서버를 만들고, 네트워크를 연결하며, 데이터베이스까지 쉽게 생성할 수 있다는 점에서 많은 이점을 제공 해 주죠. 이러한 손쉬운 접근성 덕분에 클라우드 도입 초기에는 누구나 빠르고 간편하게 서비스를 시작할 수 있었어요. 하지만 클라우드 환경이 점점 복잡해지고 구성해야 할 리소스가 많아지면서 여러 문제가 드러나기 시작했어요. 서버 하나만 하더라도 CPU, 메모리, 운영체제, 스토리지 크기, 네트워크 연결, 보안 그룹 등 수많은 설정이 필요해요. 그리고 이런 서버가 수십 개, 수백 개로 늘어나면, 전체 환경을 구성하고 유지하는 일은 점점 어려워지게 돼요. 처음엔 편리했던 클릭 중심의 수작업 방식이 오히려 오류와 혼란의 원인이 되는 거죠.

가장 큰 문제는 일관성을 유지하기 어렵다는 점이에요. 같은 작업을 반복해도 사람이 직접 클릭하는 방식은 실수를 유발하기 쉬워요. 클릭 순서가 달라지거나 중요한 설정을 깜빡하는 일이 발생하면, 겉보기에는 비슷한 두 환경이 실제로는 미묘하게 다르게 구성되어버려요. 나중에 문제가 발생했을 때 그 원인을 추적하기 어렵고, "왜 이 서버는 되는데 저 서버는 안 되지?"와 같은 질문이 생기게 돼요.

그리고 반복 작업이 많아질수록 비효율성도 심각해져요. 예를 들어 어떤 프로젝트에서는 테스트 환경을 하루에도 몇 번씩 새로 만들었다가 삭제해야 할 수도 있어요. 이걸 사람이 매번 수작업으로 구성한다면 시간이 너무 오래 걸릴 뿐 아니라, 실수의 가능성도 높아져요. 반복되는 일에 사람이 개입할수록 문제는 더 자주 생기고, 그로 인한 장애나 오류는 결국 서비스 품질에 영향을 미치게 돼요.

또 하나 중요한 점은 수작업 방식이 협업을 어렵게 만든다는 거예요. 누가 언제 어떤 설정을 했는지 정확히 기록되지 않고, 개인의 기억이나 문서에만 의존하게 되면, 담당자가 자리를 비우거나 퇴사했을 때 해당 환경을 유지하거나 복구하는 일이 어려워져요. 문서화해두더라도 실제 구성과 일치하지 않는 경우도 많고, 문서가 최신 상태로 유지되지 않으면 오히려 혼란을 가중시키는 결과를 낳기도 해요.

이런 문제들을 근본적으로 해결하기 위한 방법으로 등장한 것이 바로 IaC라는 개념이에요. 말 그대로, 서버, 네트워크, 보안 설정, 스토리지 같은 인프라 구성을 사람이 번번이 클릭해서 만드는 것이 아니라, 코드로 작성해서 자동으로 실행할 수 있도록 하는 방식이에요. 설정을 코드로 바꾸면 무엇을 어떤 순서로 구성해야 하는지를 명확하게 문서화할 수 있고, 동일한 코드를 여러 번 실행해도 항상 같은 결과를 얻을 수 있어요. 마치 요리 레시피처럼, 정확한 재료와 순서가 정해진 문서 하나로 언제든지 똑같은 요리를 만들어낼 수 있는 거죠.

이처럼 코드로 인프라를 다루게 되면, 일관성과 재사용성이 크게 향상돼요. 같은 코드를 기반으로 하면 언제 어디서든 동일한 환경을 만들 수 있고, 코드에 남은 변경 이력을 통해 언제 어떤 설정이 바뀌었는지도 추적할 수 있어요. Git 같은 버전 관리 도구와 연동하면 협업도 쉬워지고, 설정 변경에 대한 투명성도 확보할 수 있어요. 누가 어떤 설정을 추가하거나 수정했는지 알 수 있으니, 팀 단위로 일할 때 실수를 줄이고 책임 소재도 명확하게 할 수 있어요.

무엇보다도, 자동화의 효과는 단순한 편의성을 넘어선다는 점이 중요해요. 사람이 직접 손으로 하던 작업을 시스템이 코드에 따라 자동으로 처리하게 되면, 인프라 관리 방식 자체가 바뀌게 돼요. 더 이상 누군가의 손에 의존하지 않고, 시스템이 정해진 규칙에 따라 자동으로 필요한 리소스를 생성하고 삭제하는 거죠. 예를 들어, 테스트 환경을 매일 아침 9시에 자동으로 구성하고, 저녁 6시에 자동 삭제되도록 설정할 수도 있어요. 이 모든 것이 코드 몇 줄로 가능해지는 거죠.

이처럼 IaC는 단순히 편리함을 위한 도구가 아니에요. 이는 현대적인 클라우드 운영 환경에서 필수적인 요소예요. DevOps, CI/CD, 마이크로서

비스 같은 최신 기술 흐름에서는 인프라가 자동으로 준비되고 제어되지 않으면 지속적인 개발과 배포가 사실상 불가능하거든요. 많은 기업들이 IaC를 통해 반복적인 작업을 줄이고, 인프라 오류를 방지하며, 전체 운영의 효율성과 안정성을 높이고 있어요.

처음엔 수작업이 편리해 보여도, 시간이 지날수록 그 방식은 복잡성과 위험을 안겨주게 돼요. 반면 IaC는 처음만 잘 구성해두면, 언제든지 정확하고 일관된 환경을 빠르게 만들 수 있어요. 인프라를 코드로 정의한다는 건 단순히 형식을 바꾸는 것이 아니라, 운영의 철학과 문화를 바꾸는 일이기도 해요. 그래서 오늘날의 클라우드 운영에서 자동화는 선택이 아니라 전제 조건이 되고 있고, IaC는 그 중심에 있는 핵심 개념이에요.

다음 절에서는 이렇게 중요한 IaC를 수행하기 위해 어떤 도구들이 사용되는지, 그리고 각각의 도구들이 어떤 상황에서 적합한지를 구체적으로 살펴볼게요.

6.2 테라폼, 클라우드포메이션, 바이셉

앞 절에서 살펴본 것처럼, 인프라를 코드로 구성하려면 결국 '코드'를 작성할 수 있는 도구가 필요해요. 즉, 사람이 클릭해서 만드는 대신, 기계가 이해할 수 있는 방식으로 인프라를 정의해주는 도구 말이에요. 이런 도구들을 'IaC 도구'라고 부르며, 현재 클라우드 업계에서는 몇 가지 대표적인 도구들이 널리 쓰이고 있어요. 그중에서도 가장 자주 비교되는 세 가지가 바로 테라폼(Terraform), 클라우드포메이션(CloudFormation), 그리고 바이셉(Bicep)이에요.

> **참고** 이번 절에서 다루는 내용들은 구체적인 구현체의 특성을 설명하는거라 조금 어려울 수 있어요. 하지만 각 구현체들이 어떤 특성을 가지고 있는지를 알아두는 것은 중요하다고 생각해요. 조금 익숙치 않고 어렵더라도, 어떤 경우에 어떤 도구들이 주로 쓰이는지 감각을 익히는 것은 중요해요.

먼저 테라폼부터 살펴볼게요. 테라폼은 하시코프(HashiCorp)라는 회사에서 만든 오픈소스 기반의 IaC 도구예요. 가장 큰 특징은 멀티 클라우드를 지원한다는 점이에요. 즉, AWS, Azure, GCP 등 다양한 클라우드 환경에서 공통적으로 사용할 수 있어요. 심지어 클라우드가 아닌 시스템(예: DNS, 모니터링 시스템 등)까지도 코드로 관리할 수 있어요.

테라폼은 HCL(HashiCorp Configuration Language)이라는 고유한 문법을 사용해요. 처음 보면 조금 낯설 수 있지만, 구조가 명확하고 읽기 쉬워서 한 번 익히면 꽤 직관적으로 느껴져요. 코드로 작성된 파일을 terraform apply 명령어로 실행하면, 테라폼이 현재 상태를 확인하고, 필요한 자원만 자동으로 생성하거나 변경해줘요. 무엇보다 강력한 점은, 테라폼은 현재 상태를 '상태 파일(state file)'로 관리하면서, 변경 사항만 계산해서 반영한다는 점이에요. 그래서 운영 중인 시스템을 중단하지 않고도 안전하게 변경할 수 있어요.

다음은 클라우드포메이션이에요. 이 도구는 AWS에서 공식으로 제공하는 IaC 도구예요. 이름에서 알 수 있듯, AWS에 최적화된 인프라 구성 도구이고, 다른 클라우드에서는 사용할 수 없어요. 클라우드포메이션은

JSON이나 YAML 형식으로 인프라를 정의하게 되어 있어요. 사용자가 작성한 템플릿을 바탕으로, AWS가 해당 리소스를 자동으로 생성하고 구성해줘요.

클라우드포메이션의 장점은 AWS 서비스와의 통합이 매우 깊고 안정적이라는 점이에요. AWS에서 새 기능이 출시되면 클라우드포메이션에서도 곧바로 지원되는 경우가 많고, AWS 콘솔과도 자연스럽게 연결돼 있어서, 도입 장벽도 낮아요. 또 하나의 특징은 템플릿 내에 조건문과 반복문 등을 사용할 수 있어서, 복잡한 환경도 하나의 파일로 유연하게 표현할 수 있다는 점이에요.

마지막으로 소개할 도구는 바이셉이에요. 바이셉은 Azure 전용 IaC 도구로, 기존에 사용하던 ARM 템플릿이라는 방식보다 훨씬 간결하고, 사람 친화적인 문법을 제공하기 위해 만들어졌어요. 원래 Azure에서는 JSON 기반의 ARM 템플릿으로 인프라를 정의했는데, 이 방식은 너무 길고 읽기 어려웠어요. 그래서 등장한 것이 바이셉이에요.

바이셉은 마치 프로그래밍 언어처럼 간단한 구조를 가지고 있어서, 복잡한 구성을 몇 줄의 코드로 표현할 수 있어요. 예를 들어 리소스를 하나 만들기 위한 코드가 JSON보다 훨씬 짧고 읽기 쉬워요. 또한 Azure CLI나 포털에서 바로 템플릿을 실행할 수 있도록 긴밀히 연동되어 있어서, Azure 중심으로 서비스를 운영하는 조직에는 매우 효율적인 선택이에요. 다만, 역시나 단점은 Azure에만 사용할 수 있다는 점이에요.

세 도구의 특징을 간단히 정리하면 다음과 같아요:

도구	클라우드 범용성	문법 난이도	장점	제한점
테라폼	멀티 클라우드	중간	다양한 플랫폼 지원, 상태 관리 기능 강력	상태 파일 관리 주의 필요
클라우드 포메이션	AWS 전용	다소 복잡	AWS와 완벽한 통합	문법 길고 유연성 낮음
바이셉	Azure 전용	쉬움	간결한 문법, Azure와 연동 최적화	Azure 외 환경에서는 사용 불가

정리하자면, 테라폼은 여러 클라우드를 다룰 수 있는 범용 도구이고, 클라우드포메이션과 바이셉은 각 클라우드에 특화된 도구예요. 그래서 클라우드를 하나만 사용한다면 해당 플랫폼의 기본 도구가 편리할 수 있고, 여러 플랫폼을 함께 운영하거나 확장 계획이 있다면 테라폼이 더 유리할 수 있어요.

IaC 도구는 단순히 '자동화 도구'가 아니라, 조직의 운영 방식과 개발 흐름을 정의하는 도구이기도 해요. 어떤 도구를 선택하느냐는 기술적인 이유뿐 아니라, 조직 문화, 협업 방식, 운영 철학까지 함께 고려해야 하는 중요한 결정이에요.

6.3 IaC와 비용 제어 및 일관성 확보 전략

클라우드 환경에서는 손쉽게 자원을 만들 수 있다는 점이 큰 장점이지만 그만큼 불필요한 자원이 남거나, 누군가 만든 리소스가 방치되어 요금이 계속 나가는 일도 자주 발생해요. 특히 여러 사람이 동시에 개발하거나, 테스트 환경을 반복적으로 만들고 지우다 보면, 어떤 리소스가 왜 존재하는지 알 수 없는 상황이 생기기 쉬워요.

이런 상황에서 IaC는 단지 자동화 수단이 아니라, 비용을 제어하고, 환경을 일관되게 유지할 수 있는 중요한 전략 도구가 돼요.

첫 번째로 IaC는 불필요한 자원의 생성을 예방하는 데 효과적이에요. 코드로 명확하게 정의된 리소스만 만들도록 하다 보니, 콘솔에서 실수로 여러 번 만든 서버나, 과도한 사양의 디스크를 붙여놓고도 잊어버리는 일이 줄어들어요. 예를 들어 테스트 환경을 만들 때, 인프라 코드에 "가상 머신은 t2.micro 크기로, 10GB 디스크만 연결한다"는 식으로 명시해두면, 누구든 같은 코드를 실행할 때 동일한 조건으로 자원을 만들게 돼요. 이런 일관성은 불필요한 과금의 원인을 줄이고, 예산 관리에도 도움이 돼요.

> **참고** t2.micro는 AWS가 제공하는 가상 머신 종류의 이름이에요. 클라우드 기업들은 다양한 종류의 가상 머신 타입을 제공하는데 저마다 이름을 붙이는 규칙이 달라요. t2.micro는 1개의 vCPU, 1GB의 메모리를 가진 가상 머신 타입을 말합니다.

또한 IaC는 자원을 자동으로 정리하는 작업에도 유용하게 쓰여요. 예를 들어 테스트 환경은 하루에 한 번만 잠깐 쓰고, 나머지 시간엔 삭제해두는 전략을 취할 수 있어요. 즉, 정해진 시간에 자동으로 자원을 생성하고, 불필요한 시간에는 제거하는 거죠. 사람이 기억하지 않아도, 시스템이 스스로 자원을 관리해주는 구조가 되는 거예요.

두 번째로 IaC는 환경 간 일관성 확보에 탁월해요. 실제 운영 환경과 비슷한 테스트 환경을 만들고 싶어도, 수작업으로 설정할 경우 조금씩 차이가 생기기 쉬워요. 예를 들어 운영 환경에는 포트 443(HTTPS)이 열려 있는데, 테스트 환경은 그걸 빠뜨린 채 만들어졌다면, 개발 중에는 이상 없던 기능이 배포 후에 갑자기 동작하지 않는 문제가 생길 수 있어요. IaC를 사용하면 어떤 환경에서건 모두 동일한 코드로 환경을 만들 수 있기 때문에 이런 문제가 거의 발생하지 않아요. 필요한 부분만 파라미터로 분리해서 환경별로 다르게 지정하고, 그 외 설정은 전부 동일하게 유지하는 구조를 만들 수 있어요. 이는 운영의 예측 가능성을 높이고, 장애 발생 가능성을 낮춰주는 효과로 이어져요.

> **참고** 파라미터로 분리한다는 것은, 우리가 수학 시간에 배운 함수처럼, 사용자가 임의로 값을 전달할 수 있게 만드는 것을 말해요. 예를 들어, 다른 구성은 다 같은데, 메모리만 1,2,4GB로 다르다면 이 부분만을 값으로 전달할 수 있도록 만드는거죠. 예를 들어, ProvisionMyEnv() 라고 IaC 코드를 만들지 않고, ProvisionMyEnv(MemorySize) 라고 파라미터를 포함하도록 구성하면, 필요할 때 MemorySize 값을 1,2,4 로 각각 바꾸어서 실행할 수 있게 되요. 이렇게 하면 비슷한 코드를 여러번 만들지 않아도 되는 장점이 생겨요.

IaC는 또한 변경 이력을 추적하는 도구이기도 해요. 누가 언제 어떤 설정을 바꿨는지 코드 수준에서 기록이 남고, Git 같은 버전 관리 도구를 활용하면 과거 설정으로 되돌아가는 것도 쉬워져요. 예전에는 "누가 보안 그룹을 수정했는지 몰라서" 문제가 커지곤 했지만, 이제는 git log 한 줄이면 원인을 추적할 수 있는 거예요.

더 나아가 IaC는 승인 흐름(Approval Flow)이나 검토(Review) 절차와 연결될 수 있어요. 예를 들어 운영 환경에 리소스를 배포하기 전에 코드 변경 내용을 검토하고, 동료 개발자의 승인을 받아야 적용되도록 설정할 수 있어요. 이런 구조는 단순히 실수를 방지하는 것을 넘어서, 조직 전체의 클라우드 운영 방식에 표준과 책임을 부여하는 데 효과적이에요.

클라우드는 자율성과 유연성을 전제로 설계된 환경이에요. 그만큼 통제하지 않으면 빠르게 복잡해지고, 낭비가 쌓이게 돼요. IaC는 이 자유로운 환경 속에서도 규칙과 기준을 적용할 수 있는 체계적인 도구이고, 이를 통해 조직은 더 안정적이고 예측 가능한 방식으로 클라우드를 사용할 수 있게 돼요.

IaC의 장점을 한번 정리해 보면,

- 불필요한 자원 생성을 방지
- 자원의 자동 정리 가능
- 환경 간 일관성 유지
- 변경 이력 추적 가능
- 검토 및 승인 프로세스 연동
- 클라우드 환경의 통제력 향상

이 정도로 정리해 볼 수 있겠네요.

핵심개념 퀴즈

1. 클라우드 환경에서 인프라를 수작업으로 구성할 때 발생하는 주요 문제점 두 가지는 무엇인가요?

2. IaC(Infrastructure as Code)란 무엇인가요? 간단히 설명하세요.

3. IaC의 핵심 장점 중 일관성(Consistency)이 중요한 이유는 무엇인가요?

4. IaC를 통해 자동화된 인프라 구성이 필요한 주요 이유 중 하나는 무엇인가요?

5. 테라폼 어떤 특징을 가진 IaC 도구인가요?

6. 클라우드포메이션 어떤 클라우드에 특화된 IaC 도구인가요?

7. 바이셉은 어떤 클라우드에 특화된 IaC 도구이며, 어떤 장점이 있나요?

8. IaC가 비용 제어에 어떻게 도움을 줄 수 있나요?

9. IaC와 버전 관리 시스템(예: Git)을 함께 사용할 때 얻을 수 있는 이점은 무엇인가요?

정답

1. 수작업 구성의 주요 문제점은 환경 간 일관성 유지가 어렵고, 반복 작업 시 시간 비효율과 실수가 잦다는 점입니다. 또한 누가 언제 어떤 설정을 했는지 기록이 남지 않아 협업과 추적이 어렵습니다.

2. IaC는 서버, 네트워크, 보안 규칙 등 클라우드 인프라를 코드로 작성하여 관리하는 방식입니다. 사람이 클릭하던 작업을 코드로 자동화하여 실행하고 반복할 수 있게 합니다.

3. 일관성은 여러 환경(개발, 테스트, 운영 등)이나 여러 번의 배포에서 항상 동일한 인프라 구성을 보장하는 것입니다. 이는 설정 오류로 인한 문제를 줄이고 예측 가능한 운영을 가능하게 합니다.

4. 자동화된 인프라 구성은 반복적이고 시간이 많이 소요되는 수작업을 대체하여 운영 효율을 높이고, 사람이 하는 실수를 줄여 장애 발생 가능성을 낮추는 데 필요합니다.

5. 테라폼은 하시코프(HashiCorp)의 오픈소스 IaC 도구로, AWS, Azure, GCP 등 다양한 클라우드 환경을 지원하는 멀티 클라우드 범용성이 가장 큰 특징입니다. HCL이라는 고유 문법을 사용하며, 상태 파일로 인프라 상태를 관리합니다.

6. 클라우드포메이션은 AWS에서 공식적으로 제공하는 IaC 도구이며, AWS 환경에 최적화되어 있습니다. JSON 또는 YAML 형식으로 인프라를 정의합니다.

7. 바이셉은 Microsoft Azure 전용 IaC 도구이며, 기존 ARM 템플릿보다 간결하고 사람 친화적인 문법을 제공하는 장점이 있습니다. Azure 중심으로 서비스를 운영하는 조직에 효율적입니다.

8. IaC는 코드로 명확하게 정의된 리소스만 만들게 하여 불필요한 자원 생성을 예방하고, 자동화된 정리 작업을 통해 사용하지 않는 자원으로 인한 과금을 줄여 비용 제어에 도움을 줄 수 있습니다.

9. IaC 코드를 Git과 같은 버전 관리 시스템에 저장하면, 누가 언제 어떤 변경을 했는지 기록이 남습니다. 이를 통해 변경 이력을 추적하고, 필요한 경우 과거 설정으로 쉽게 되돌릴 수 있으며, 팀원 간 협업과 코드 검토가 용이해집니다.

요약

- 서비스가 커지고 구성 요소가 많아지면 자동화에 관심을 갖게 되며, IaC(Infrastructure as Code)를 활용하는 것이 좋습니다.

- IaC는 인프라를 코드로 정의하고, 실행하고, 추적하고, 수정하는 모든 과정을 소프트웨어 개발과 같은 방식으로 다룹니다.

- IaC를 통해 일관된 환경 구성, 자동화된 배포, 효율적인 운영 관리가 가능해집니다.

- 수작업 구성은 일관성이 유지되지 않고, 시간과 반복의 비효율이 발생하며, 협업과 기록이 남지 않는다는 한계가 있습니다.

- 자동화는 실수 없는 반복, 빠른 복구, 일관된 품질, 협업 가능한 기록을 가능하게 합니다.

- IaC 도구로는 Terraform, CloudFormation, Bicep 등이 있으며, 각각의 장단점이 있습니다.

- IaC는 비용을 제어하고, 환경 간 일관성을 유지하며, 변경 이력을 추적하는 데 효과적입니다.

- IaC는 승인 흐름이나 검토 프로세스에도 연결될 수 있습니다.

07

보안과 접근 제어

이번 장에서는 클라우드를 안전하게 사용하기 위해 꼭 알아야 할 보안의 핵심 개념들을 다뤄볼 거예요. 먼저, 공유 책임 모델을 통해 클라우드 보안이 클라우드 제공자만의 책임이 아니라 사용자에게도 일부 책임이 있다는 걸 이해해야 해요. 그리고 IAM(Identity and Access Management)이 무엇이며 이를 이용해서 누가 어디에 접근할 수 있는지를 통제하는 방법을 배우게 돼요. 또한 최소 권한 원칙과 역할 기반 접근 제어(RBAC, Role Based Access Control)를 통해 꼭 필요한 권한만 부여하는 것이 왜 중요한지도 알아볼 거예요. 여기에 더해, 비밀 정보(Secrets)와 API 키, 인증 토큰, MFA(다단계 인증) 같은 인증 수단들을 어떻게 안전하게 관리할지도 함께 살펴볼 거예요. 이 장을 통해 클라우드 보안을 구성하는 기본 개념들을 쉽게 이해하고, 실제 환경에서 어떻게 적용할 수 있을지 감을 잡을 수 있을 거예요.

7.1 공유 책임 모델

클라우드의 각종 보안 기술에 대해서 본격적으로 이야기 하기 이전에, 우리가 가장 먼저 익숙해져야 하는 것은, 클라우드의 보안은 클라우드 기업이 전적으로 책임져주지는 않는다는 것이에요. 이를 '공유 책임 모델(Shared Responsibility Model)'이라고 해요.

공유 책임 모델에 대해서 좀 더 자세히 설명하자면, 클라우드 보안은 클라우드 제공자가 전적으로 책임을 지는 것이 아니며, 일정부분 사용자도 함께 책임을 져야 한다는 것이에요. 클라우드 기업은 물리적인 기반 인프라에 대해서는 전적으로 책임이 있지만, 그 위에 올려 사용하는 소프트웨어 등에 대해서는 무엇을 올려서 어떻게 사용하는가에 따라 사용자에게도 책임이 있다는 뜻이에요.

구체적인 예로, 클라우드 제공자(AWS, Azure, GCP 등)는 데이터센터의 물리적인 보안, 전력 공급, 하드웨어의 내구성, 가상화 기술의 안정성 같은 기반 인프라에 대한 보안을 책임져요. 사용자가 직접 데이터센터에 들어갈 수도 없고, 물리 서버를 직접 다룰 일도 없으니까요. 그리고 그 영역은 매우 높은 수준으로 잘 관리되고 있어요. 데이터센터는 생체 인식 출입 시스템, CCTV, 중복 전력망, 지진·화재 대비 설비까지 갖춘 철저한 보안 환경에서 운영돼요.

하지만 그 위에 올라가는 운영체제, 네트워크 설정, 방화벽 구성, 계정 관리, 데이터 암호화, 접근 권한 설정 같은 것들은 사용자의 책임이에요. 예를 들어, 누군가 클라우드 서버를 생성하고, 기본 계정의 비밀번호를 단순하게 설정하거나, 보안 그룹에서 포트를 모두 열어놓는다면, 그것은 사용자 측의 과실이에요. 만약 이런 설정으로 인해 해킹이 발생한다면, 클라우드 제공자의 책임이라고 보기 어렵겠죠.

실제로 클라우드 관련 보안 사고의 대부분은 사용자의 설정 실수나 부주의에 의해서 발생해요. 중요한 클라우드 스토리지를 '전체 공개'로 설정해서 내부 문서가 외부에 노출된다든지, 관리자가 루트 권한 계정을 외부에 공유해서 문제가 생기는 경우 등이죠. 이런 사고는 클라우드 자체의 기술 결함이 아니라, 공유 책임 모델을 제대로 이해하지 못하고 설정한 사용자의 실수에서 비롯되는 거예요.

예를 들어, 우리집에 강제로는 절대 열 수 없는 튼튼한 디지털 도어락을 설치했다고 해도, 비밀번호 자체가 노출되어 버리면 외부의 침입을 전혀 막을 수 없겠죠. 도어락을 튼튼하게 만드는 것은 제조사의 책임이지만, 비밀번호가 노출되지 않게 관리하는 것은 사용자의 책임이잖아요. 누군가 비밀번호를 알아내어 우리집에 침입했다고, 도어락 제조사에 책임을 물을 수는 없는거죠.

그래서 클라우드를 안전하게 사용하려면, 먼저 책임의 경계를 명확히 알아야 해요. 클라우드 제공자가 무엇을 책임지고, 사용자가 어디서부터 보안을 책임져야 하는지를 서비스 형태별로 다르게 판단해야 해요.

- IaaS의 경우, 운영체제부터 네트워크 설정을 포함한 거의 대부분을 사용자가 관리해야 해요.
- PaaS는 플랫폼의 기본 구성과 일부 보안 설정은 클라우드가 책임지고, 사용자는 애플리케이션 단의 보안을 담당해요.
- SaaS는 거의 모든 인프라 보안은 클라우드가 담당하지만, 사용자 계정과 데이터 접근 권한 설정은 여전히 사용자 몫이에요.

이처럼 서비스 형태가 달라지면 책임 범위도 달라지기 때문에, 공유 책임 모델은 단순한 규칙이 아니라, 클라우드 환경을 설계하고 운영하는 데 있어 기본 철학이 되어야 해요.

결국 클라우드 보안이란, '믿고 맡긴다'가 아니라, '서로가 맡은 책임을 정확히 이해하고 충실히 이행한다'는 전제 위에서만 성립돼요. 클라우드는 강력한 보안 체계를 갖추고 있지만, 그것을 올바르게 활용하는 것은 결국 사용자에게 달려 있어요. 그래서 클라우드를 쓰는 첫걸음은, 서버를 만드는 것이 아니라 보안 책임의 경계를 명확히 인식하는 것에서 시작돼요.

7.2 IAM(Identity and Access Management)

클라우드 환경에서는 다양한 사람이 다양한 방식으로 시스템에 접근하게 돼요. 예전에는 서버실에 들어가야만 시스템을 조작할 수 있었지만, 이제는 인터넷이 연결된 곳이라면 어디서든 작업이 가능하게 되었죠. 그렇기 때문에 '누가', '무엇을', '어디까지 할 수 있도록 할지'를 철저히 관리하는 것이 보안의 핵심이 되었어요. 이 일을 담당하는 것이 바로 IAM이에요. IAM은 사용자를 식별하고, 인증하며, 그들에게 적절한 권한을 부여하는 역할을 해요.

먼저 '식별(Identification)'은 누가 접근하고 있는지를 명확히 구분하는 것이에요. 회사에 출근하는 직원들을 예로 들면, 입구에서 각자 사원증을 제시하면서 자신의 신원을 밝히잖아요. 사원증에는 이름과 사번이 적혀 있고, 방문자는 따로 등록 절차를 거쳐 일회용 출입증을 받지요. 클라우드에서도 이와 마찬가지로 사용자를 정의해야 해요. 클라우드에서의 사용자는 사람일 수도 있지만, 서버나 프로그램 같은 시스템일 수도 있어요. 그래서 '사용자 계정', '서비스 계정', '역할(Role)' 같은 형태로 다양한 식별 정보를 만들어 관리해요.

그 다음은 '인증(Authentication)'이에요. 누가 접근하려 한다면, 그 사람이 실제로 본인인지 확인하는 절차가 필요해요. 회사 건물 입구에서 사원증만 보는 게 아니라, 번호키를 입력하거나 지문을 대는 경우가 있죠. 클라우드에서도 마찬가지로, 사용자 이름(ID)과 비밀번호뿐만 아니라, 휴대폰 인증이나 보안 토큰 같은 다단계 인증(MFA)을 사용해서 인증의 강도를 높이게 돼요. 특히 외부에서 접속할 수 있는 관리자 계정은 반드시 이

중 인증을 설정하는 것이 기본이 되어가고 있어요.

인증까지 완료되었다면, 이제는 '권한 부여(Authorization, 혹은 인가)'가 필

요해요. 건물 안에 들어왔다고 해서 누구나 모든 공간에 출입할 수는 없죠. 인사팀은 인사자료실에, 개발팀은 서버실에 출입할 수 있어야 해요. 그리고 신입사원은 회의실만 사용할 수 있도록 제한할 수도 있어요. 이런 식으로 각자에게 꼭 필요한 권한만 주는 것을 클라우드에서는 '정책(policy)'이라고 불러요. 예를 들어 어떤 사용자는 데이터 스토리지에서 읽기만 가능하게, 다른 사용자는 새 파일을 올릴 수 있게, 또 어떤 사용자는 삭제까지 할 수 있게 정할 수 있어요.

IAM의 장점은 사람이 아닌 시스템에도 이런 권한을 줄 수 있다는 점이에요. 예를 들어 백업을 자동으로 수행하는 프로그램이 있다면, 그 프로그램에게도 "이 스토리지에 접근해서 파일을 복사해 가도 좋아"라는 권한을 IAM을 통해 줄 수 있어요. 이렇게 하면 사람의 실수 없이 시스템이 자동으로 필요한 일을 하게 만들 수 있고, 불필요한 권한을 방지할 수 있어요.

결국 IAM은 클라우드 보안의 기초이자, 가장 강력한 통제 도구예요. 사용자 하나하나, 시스템 하나하나가 어떤 권한을 가지고 무슨 작업을 했는지 투명하게 기록되고 추적 가능해야 해요. 그래야 문제가 생겼을 때 어디서, 왜 발생했는지를 파악할 수 있고, 사전에 사고를 예방할 수도 있어요.

IAM이 단순한 기술 설정이 아니라, 클라우드를 책임 있게 운영하기 위한 '정책'이자 '문화'라는 점을 이해하는 것이 중요해요. IAM을 정확히 이해하고 정교하게 구성하는 것이야말로, 안전하고 믿을 수 있는 클라우드 환경의 첫 걸음이에요.

7.3 최소 권한 원칙과 역할 기반 접근 제어

IAM을 이해했다면, 이제는 그 위에서 어떻게 권한을 줄 것인지, 또 어떤 원칙에 따라 정책을 설계해야 하는지를 생각해볼 차례예요. 바로 여기서 중요한 것이 최소 권한 원칙과 역할 기반 접근 제어(RBAC, Role Based Access Control)라는 개념이에요.

최소 권한 원칙은 말 그대로 "꼭 필요한 권한만 주자"는 철학이에요. 클라우드에서 보안을 잘 지키는 조직은 화려한 보안 장비나 기술보다도, 이 원칙을 얼마나 성실히 지키느냐에 따라 갈려요. 왜냐하면 실제 보안 사고의 대부분은 외부 해킹보다도 내부 실수나 과도한 권한 설정에서 발생하기 때문이에요.

예를 들어, 신입 개발자에게 클라우드 전체 관리자 권한을 주었다고 생각해봐요. 의도치 않게 중요한 서버를 삭제하거나, 백업 스토리지를 지우는 일이 일어날 수 있어요. 잘못된 배포로 인해 전체 서비스가 중단될 수도 있고요. 하지만 만약 그 개발자에게 딱 '테스트 서버에 접근해서 로그를 볼 수 있는 권한'만 주었다면, 그런 일은 애초에 일어나지 않았을 거예요. 즉, 사고의 가능성은 권한의 크기와 함께 커진다는 거예요.

이 원칙을 클라우드에 적용하면, 처음에는 불편할 수 있어요. "이 계정으로 로그는 보이는데 파일은 왜 다운로드가 안 되지?", "인스턴스를 시작은 할 수 있는데 왜 중지는 안 되지?" 같은 상황이 생기거든요. 하지만 이는 시스템이 세밀하게 통제되고 있다는 증거예요. 필요한 권한을 점차 부여하면서 사용 목적에 맞는 가장 작은 권한만 부여하게 되면, 보안은 자연스럽게 높아지고 실수는 줄어들어요.

이와 함께 자주 쓰이는 접근 제어 방식이 역할 기반 접근 제어예요. 이 방식은 '개별 사용자에게 권한을 하나하나 직접 지정하는 것'이 아니라, 역할(혹은 역할군)을 만들어 두고 거기에 사용자를 넣는 방식이에요. 예를 들어 '개발자' 역할에는 로그 조회, 서버 배포 권한을, '운영자' 역할에는 시스템 재시작, 모니터링, 백업 복원 권한을 넣는 거예요. 그리고 새로 입사한 개발자에게는 '개발자' 역할만 부여하는 식이죠.

이 방식의 장점은 명확해요. 관리가 편리해지고, 조직이 커질수록 더 체계적으로 권한을 유지할 수 있어요. 또한 보안 감사나 정책 변경이 필요할 때도 역할만 조정하면 되기 때문에, 유지보수가 훨씬 안전하고 효율적이에요.

RBAC은 조직 구조와 아주 잘 어울려요. 부서별, 직무별, 프로젝트별로 역할을 나눌 수 있고, 프로젝트가 끝나면 역할을 회수하기만 하면 돼요. 예전에는 사용자마다 권한을 하나하나 기억하고 조정해야 했다면, 이제

는 역할이라는 추상 계층 덕분에 사람 중심이 아니라 역할 중심의 통제가 가능해진 거예요.

이 두 개념, 즉 최소 권한 원칙과 역할 기반 제어는 단순히 기술적인 설정이라기보다는, 안전한 조직 문화를 만드는 기초 규칙이에요. 권한은 줄수록 편하고 빠르지만, 그 대가는 보안 리스크예요. 그래서 클라우드를 잘 다루는 조직일수록, 권한을 가장 절제 있게 설계해요.

결국 좋은 보안이란, 눈에 보이는 기술보다도 얼마나 보수적으로, 체계적으로 권한을 다루는가에 달려 있어요. IAM 위에 최소 권한과 역할 기반 제어를 정착시키는 것, 이것이 바로 클라우드 보안을 진짜로 실천하는 길이에요.

7.4 비밀관리와 암호화

클라우드 보안에서 IAM 설정만으로는 충분하지 않을 때가 많아요. 특히 사용자 계정이나 서비스가 외부 시스템과 연결되거나, 자동화된 작업을 수행해야 할 경우에는 비밀번호, API 키, 인증서, 토큰 등 다양한 민감 정보들이 함께 쓰이게 되죠. 이런 것들을 한데 묶어서 우리는 보통 비밀(Secrets)이라고 불러요. 이 정보들이 노출되거나 유출되면, 계정이 탈취되거나 시스템 전체가 위협받을 수 있어요. 그래서 클라우드를 안전하게 사용하려면, 단순히 누가 접근할 수 있는지를 설정하는 걸 넘어서, 어떻게 이처럼 민감한 정보를 안전하게 저장하고 사용할지를 반드시 함께 고려해야 해요.

많은 개발자들이 실수하는 부분 중 하나는, 비밀번호나 API 키를 코드에 직접 적는 것이에요. 예를 들어 개발자가 깃허브에 프로젝트를 올리면서 "임시 테스트"라고 생각하고 키를 하드코딩한 채로 올리면, 이 키는 곧바로 인터넷에 공개되는 셈이 돼요. 유명한 보안 사고 중 상당수가 바로 이런 단순한 실수에서 시작됐어요.

이 문제를 방지하려면 먼저 비밀 정보를 코드와 분리해서 관리해야 해요. 보통은 환경 변수(environment variables)나 외부 설정 파일(config file)을 사용해서 비밀번호나 키를 따로 관리하죠. 하지만 클라우드 환경에서는 더 체계적이고 안전한 방식이 필요해요. 그래서 각 클라우드 제공자는 비밀 관리 서비스를 별도로 제공해요.

> **참고** 각 클라우드 기업들이 제공하는 비밀 관리 서비스의 예로는 AWS의 시크릿 매니저(Secrets Manager), Azure의 키볼트(Key Vault), GCP의 시크릿 매니저(Secret Manager) 같은 것들이에요.

이런 비밀 관리 서비스는 민감 정보를 암호화된 형태로 안전하게 저장해 주고, 그 정보에 접근할 수 있는 주체와 범위, 방식까지도 정밀하게 통제할 수 있어요. 예를 들어 "이 함수는 특정 키에 30초 동안만 접근 가능하다"거나, "이 서비스 계정은 특정 키를 하루에 10번만 조회할 수 있다" 같은 제약도 줄 수 있어요. 그리고 대부분의 경우, 이런 정보들은 클라우드 내부의 암호화 엔진으로 관리되기 때문에, 따로 암호화 알고리즘이나 키 보관 방법을 직접 신경 쓸 필요 없이 사용할 수 있어요.

조금 어렵지만, 여기서 더 나아가면 키 회전(Key Rotation)이라는 개념도 있어요. 비밀 정보는 한 번 설정하면 끝이 아니라, 주기적으로 바꿔줘야 해요. 마치 도어락 비밀번호를 계속 같은 걸 쓰다 보면 위험해지는 것처럼요. 클라우드의 비밀 관리 서비스는 이런 키 회전도 자동화할 수 있게 해줘요. 그래서 사람이 매번 바꾸고 설정하는 수고를 덜고, 실수나 누락을 방지할 수 있어요.

또 하나 중요한 개념은 암호화(Encryption)에요. 클라우드에서는 데이터를 저장하거나 전송할 때 모두 암호화할 수 있어요. 최근에는 대부분의 클라우드 서비스가 스토리지에 자동 암호화를 기본으로 적용하고 있어요. 하지만 경우에 따라선 사용자가 직접 자신만의 관리 키(Customer Managed Key)를 생성해서 암호화 작업을 명시적으로 지정하기도 해요. 이 키도 마찬가지로 안전하게 보관하고 접근을 통제할 수 있어야 해요.

> **참고** 대부분의 암호화 방식들은 특정 키를 활용하여 암호화를 수행해요. 자동차를 운행하려면 키가 필요하듯, 암호화를 수행하기 위한 키인 거죠. 클라우드에서 사용자에게 기존에 이용하던 키를 사용하도록 해준다는 것은, 자동차 키를 집의 문을 여는 키로도 사용할 수 있도록 해주는 것과 유사해요. 별도로 키를 발급하지 않고 예전에 사용하던 키를 같이 사용할 수 있으니까 매우 편리하겠죠.

정리하자면, 클라우드 환경에서는 비밀은 숨기는 것이 아니라, 제대로 관리해야 하는 자산이에요. 모든 인증 정보는 어디에 어떻게 저장되고 있는지, 누가 그것을 언제 사용하는지 기록되어야 하고, 필요할 때만 안전하게 꺼내 써야 해요. 그리고 이 모든 것이 자동화되고, 로그로 남아야 해요.

보안은 단순한 방어선이 아니라, 사람의 실수까지 고려한 체계적인 관리 체계를 갖출 때 비로소 효과를 발휘해요. 비밀 관리는 그런 면에서 IAM과 나란히 클라우드 보안을 구성하는 또 하나의 축이라고 할 수 있어요.

7.5 인증 토큰, 키 관리, MFA

클라우드 보안에서 API 키나 인증 토큰 같은 것들은 사용자 이름이나 비밀번호와는 또 다른 형태의 '디지털 열쇠'예요. 이 열쇠들은 자동화된 프로그램, 백엔드 시스템, 또는 외부 애플리케이션이 클라우드 서비스에 접근할 수 있도록 도와줘요. 그런데 이 개념들은 사실 일상에서도 다양한 형태로 사용되고 있어요.

먼저 API 키는 마치 호텔 객실 카드키와 비슷해요. 프론트에서 체크인을 하면 "305호 객실에 들어갈 수 있는 카드"를 줍니다. 이 카드를 사용하면 문이 열리죠. 하지만 이 키를 잃어버리면 누군가가 대신 방에 들어갈 수도 있어요. 클라우드에서의 API 키도 똑같아요. 시스템이 특정 서비스에 접근하기 위해 부여받는 키인데, 이게 코드나 설정 파일에 그대로 남아 있다가 유출되면, 누구든지 서비스에 접근해서 데이터를 조회하거나 변경할 수 있는 위험이 생겨요.

실제 사례로, 한 스타트업이 테스트 목적으로 만들었던 코드에 AWS API 키를 하드코딩한 채 깃허브에 올린 적이 있어요. 그 코드는 몇 시간 만에 검색되었고, 악성 사용자가 그 키를 이용해 수천 개의 가상 머신을 생성해서 암호화폐 채굴에 이용했어요. 결과적으로 수백만 원의 과금이 발생했고, 회사는 바로 그 API 키를 폐기하고 사고를 수습해야 했어요.

다음은 인증 토큰(Token)이에요. 인증 토큰은 마치 한정된 시간 동안 사용할 수 있는 영화 관람권 같아요. 예를 들어, 온라인 예매 시스템에서 예매를 완료하고 QR코드 형태의 티켓을 발급 받았다고 해봐요. 이 티켓은 특정 시간, 특정 영화관, 특정 좌석에만 유효하죠. 누가 복사해서 사용하려 해도, 사용 시점이 지나거나 중복되면 거절당할 거예요.

클라우드에서의 액세스 토큰도 이와 비슷해요. 짧은 시간 동안만 유효하고, 권한 범위가 제한되어 있기 때문에, 예를 들어 "3시간 동안 사용자 프로필을 조회할 수 있는 권한" 같은 식으로 사용할 수 있어요. 게다가 이 토큰이 만료되면, 다시 로그인하거나 '리프레시 토큰'을 사용해서 새로운 토큰을 발급받아야 해요. 이렇게 하면 보안이 강화되고, 토큰이 유출되더라도 피해를 최소화할 수 있어요.

> **참고** 보통 액세스 토큰은 보안을 위해 유효기간을 짧게 설정해요(예: 1시간) 보안을 위해 유효기간을 짧게 가져가는 것은 올바른 선택이지만, 자주 로그인을 반복해야해서 불편함이 생기죠. 이러한 불편함을 극복하기 위해 만들어진 것이 리프레시 토큰(Refresh Token)인데요. 액세스 토큰이 만료되었을 때 리프레시 토큰을 제출하면, 로그인 없이도 새로운 액세스 토큰을 발급 받을 수 있어요.

마지막으로 다단계 인증(MFA)은 생활 속에서 우리가 자주 접하는 금융 OTP(일회용 비밀번호 생성기)와 매우 유사해요. 예를 들어 인터넷 뱅킹을 이용해서 큰 돈을 이체하려면, 단순히 ID와 비밀번호만으로는 되지 않잖아요? 추가로 OTP를 입력하거나 휴대폰 인증을 수행해야 하죠. 왜냐하면 단순한 비밀번호만으로는 계정이 해킹될 가능성이 높기 때문이에요. 클라우드에서도 특히 관리자 계정이나 결제 관련 리소스에 접근할 때는 반드시 MFA를 설정해야 해요. 예를 들어, 누군가 관리자 비밀번호를 알아냈다고 해도, 본인 소유의 휴대폰에서 생성되는 인증 코드를 추가로 입력하지 않으면 로그인이 불가능 하도록 하는거죠. 실제로 많은 보안 사고가 MFA가 없었던 계정에서 발생했어요. 반대로 MFA가 설정된 경우에는 공격자가 설령 비밀번호를 알아도 두 번째 장벽을 넘지 못하고 차단돼요.

이처럼 우리가 일상에서 사용하고 있는 카드키, 영화 티켓, OTP 인증 같은 것들이 클라우드 보안에서도 매우 유사한 방식으로 사용되고 있어요. 중요한 것은 이런 인증 수단들이 각각 용도와 맥락에 따라 정확히 제한되고 추적 가능하도록 설계되어야 한다는 점이에요. 그래야 시스템이 유연하면서도 안전하게 동작할 수 있어요.

보안은 사용자에게 너무 많은 부담을 주지 않으면서도, 공격자에게는 아주 많은 장벽을 주는 것이 핵심이에요. 그 핵심을 실현하는 중요한 수단들이 바로 API 키, 인증 토큰, 그리고 다단계 인증인 거예요.

핵심개념 퀴즈

1. 클라우드 보안에 대한 일반적인 우려에도 불구하고, 클라우드 환경이 전통적인 서버 환경보다 더 강력한 보안 시스템을 갖추고 있다고 보는 이유는 무엇인가요?

2. 공유 책임 모델에서 클라우드 제공자가 일반적으로 책임지는 보안 영역 두 가지를 예시로 들어 설명하세요.

3. 공유 책임 모델에서 사용자(고객)가 일반적으로 책임지는 보안 영역 두 가지를 예시로 들어 설명하세요.

4. 클라우드 관련 보안 사고의 대부분이 클라우드 자체의 기술 결함보다 사용자 설정 실수에서 비롯되는 경우가 많다고 언급된 이유는 무엇인가요?

5. IAM (Identity and Access Management)은 클라우드 보안에서 어떤 핵심적인 역할을 수행하나요?

6. IAM에서 '식별'과 '인증'은 각각 무엇을 의미하며, 왜 중요한가요?

7. 최소 권한 원칙 (Principle of Least Privilege)이 클라우드 보안에서 중요한 이유를 설명하세요.

8. 역할 기반 접근 제어 (RBAC) 방식이 개별 사용자에게 직접 권한을 부여하는 방식보다 가지는 주요 장점은 무엇인가요?

9. 클라우드 환경에서 API 키나 비밀번호 같은 민감 정보를 코드에 직접 하드코딩하는 것이 위험한 이유는 무엇이며, 이를 방지하기 위한 한 가지 방법은 무엇인가요?

10. 다단계 인증 (MFA)이 클라우드 계정 보안을 강화하는 원리를 일상생활의 예시에 빗대어 설명하세요.

정답

1. 클라우드 제공자는 세계 최고 수준의 물리 보안을 갖춘 데이터센터를 운영하며, 보안 전문 인력과 자동화된 시스템으로 24시간 인프라를 보호하기 때문입니다. 기술 자체보다 그것을 어떻게 활용하느냐가 중요합니다.

2. 클라우드 제공자는 데이터센터의 물리적인 보안, 전력 공급, 하드웨어 내구성, 가상화 기술의 안정성 등 기반 인프라에 대한 보안을 책임집니다. 사용자는 이 영역에 직접 접근할 수 없습니다.

3. 사용자는 운영체제, 네트워크 설정, 방화벽 구성, 계정 관리, 데이터 암호화, 접근 권한 설정 등 클라우드 인프라 위에 올라가는 대부분의 보안 설정을 책임집니다. 중요한 S3 버킷 공개 설정이나 단순 비밀번호 사용 등이 여기에 해당합니다.

4. 사용자가 공유 책임 모델을 제대로 이해하지 못하고 보안 설정을 부주의하게 하거나(예: S3 버킷 전체 공개), 관리자 계정 정보를 외부와 공유하는 등의 실수에서 비롯되기 때문입니다. 이는 클라우드 자체의 기술적 취약성이 아닙니다.

5. IAM은 클라우드 환경에서 사용자나 시스템의 신원을 확인하고(식별 및 인증), 특정 리소스에 대해 어떤 작업(권한 부여)을 수행할 수 있는지를 통제하는 시스템입니다. 클라우드 자원에 대한 접근을 관리하는 기본적인 보안 기능입니다.

6. '식별'은 누가 접근하려 하는지 그 신원을 명확히 구분하는 것이고, '인증'은 식별된 사용자가 실제로 본인이 맞는지 확인하는 절차입니다. 누가 누구인지 정확히 아는 것은 보안의 출발점이며, 본인 확인은 무단 접근을 막는 필수 단계입니다.

7. 최소 권한 원칙은 사용자나 시스템에게 꼭 필요한 최소한의 접근 권한만 부여하여 불필요한 접근과 그로 인한 실수를 방지하기 때문입니다. 과도한 권한은 보안 사고 발생 가능성을 높입니다.

8. RBAC은 개별 사용자 단위가 아닌 '역할' 단위로 권한을 관리하기 때문에 관리가 훨씬 편리하고 체계적입니다. 조직 규모가 커지거나 인력 변동이 있을 때 권한 관리가 용이하며, 보안 감사 및 정책 변경도 효율적입니다.

9. 코드에 민감 정보를 하드코딩하면 코드가 노출될 경우 정보가 함께 유출되어 계정 탈취 등 심각한 보안 위협이 발생할 수 있습니다. 이를 방지하기 위해 클라우드 제공자의 비밀 관리 서비스 등을 사용해야 합니다.

10. MFA는 인터넷 뱅킹에서 ID/비밀번호 외에 OTP나 휴대폰 인증을 추가로 요구하는 것과 유사합니다. 단순 비밀번호만으로는 부족할 때, 본인만이 소유한 다른 수단(휴대폰 등)을 통해 한 번 더 신원을 확인하여 보안을 강화합니다.

요약

- 클라우드는 전통적인 서버 환경보다 훨씬 더 강력하고 체계적인 보안 시스템을 갖추고 있습니다.

- 클라우드 보안은 클라우드 제공자만의 책임이 아니라, 사용자도 함께 책임을 져야 합니다.

- IAM(Identity and Access Management)은 사용자를 식별하고, 인증하며, 그들에게 적절한 권한을 부여하는 역할을 합니다.

- 최소 권한 원칙은 "꼭 필요한 권한만 주자"는 철학입니다.

- 역할 기반 접근 제어(RBAC)는 역할을 만들어 두고 거기에 사용자를 넣는 방식입니다.

- 클라우드 보안에서 비밀(Secrets) 관리와 암호화는 중요한 요소입니다.

- 비밀 관리 서비스는 민감 정보를 암호화된 형태로 안전하게 저장해줍니다.

- 인증 토큰과 다단계 인증(MFA)은 클라우드 보안을 강화하는 중요한 수단입니다.

08

클라우드에서의
장애 대응

이번 장에서는 클라우드 환경에서 '장애'를 어떻게 이해하고 대비해야 하는지를 다룰 거예요. 클라우드라고 해서 장애가 없는 건 아니에요. 오히려 더 복잡한 구조와 다양한 서비스 간 의존성 때문에 장애가 발생할 가능성이 더 높을 수도 있어요. 그래서 이 장에서는 장애가 왜 생기는지, 그걸 어떻게 빨리 알아차리고, 서비스를 멈추지 않게 만들며, 문제가 생겼을 때 얼마나 빨리, 얼마나 많이 복구할 수 있을지를 어떻게 정하는지를 하나하나 살펴볼 거예요. 장애가 발생했을 때 원인을 파악하고 대응하는 데 중요한 도구인 모니터링과 로그 수집, 서비스가 멈추지 않게 유지하는 고가용성(HA) 구성, 복구 기준이 되는 RPO/RTO 개념, 그리고 사전에 준비해 두어야 할 지역 중복 및 백업 정책까지, 클라우드 장애 대응 전략의 핵심 내용을 함께 정리해볼게요. 이 장을 다 읽고 나면, 장애를 두려워하기보다는 "장애는 언제든 생길 수 있어. 중요한 건 어떻게 대비하느냐야"라는 시각으로 클라우드를 다룰 수 있게 될 거예요.

8.1 장애는 왜 발생하는가?

클라우드라고 해서 장애가 없는 것은 아니에요. 오히려 서비스가 복잡하고 분산될수록 장애가 발생할 가능성은 더 커져요. 클라우드를 사용하는 주요 이유 중 하나가 높은 안정성과 가용성이지만, 아이러니하게도 클라우드 환경에서도 장애는 빈번하게 발생할 수 있어요. 이런 현실 속에서 "과연 클라우드를 믿어도 될까?"라는 질문이 생기기도 하죠. 하지만 이 질문은 조금 다르게 접근해야 해요. 완전한 무장애(Zero Failure) 상태를 기대하기보다는, 장애가 발생할 수 있다는 전제하에 어떻게 대비하고 대응할지를 준비하는 것이 더 현실적이고 효과적인 접근이에요.

클라우드 환경에서 장애는 다양한 원인으로 발생해요. 가장 흔한 원인은 '사람의 실수'예요. 서버를 잘못 종료하거나, 검증되지 않은 코드를 배포하거나, 보안 설정을 잘못 구성하는 등 단순한 실수가 전체 서비스에 큰 영향을 줄 수 있어요. 예를 들어, 한 클라우드 운영자가 실수로 잘못된 삭제 명령어를 입력해 미국 동부 리전(region)의 스토리지 서비스 전체가 수 시간 동안 중단된 사례가 있었어요.

> **참고** 클라우드에서 리전(Region)이란 데이터 센터들이 묶여 있는 지리적인 위치 단위를 말해요. 한국 서울 리전, 미국 동부 리전 처럼 구분하여 이야기 한답니다.

클라우드 대형 장애를 일으키는 네 가지 핵심 위협

실수 악당

의존성 괴물

하드웨어 고장 야수

네트워크 실패 귀신

두 번째는 '서비스 간 의존성' 문제예요. 클라우드는 수많은 서비스가 상호 의존하며 작동해요. 하나의 구성요소—예를 들어 데이터베이스—가 잠시 멈추기만 해도, 웹 서버가 작동하지 않거나 사용자 요청이 실패하면서 전체 시스템이 느려질 수 있어요. 특히 마이크로서비스 아키텍처에서는 하나의 작은 장애가 도미노처럼 퍼지며 전체 서비스에 큰 영향을 줄 수 있어요.

세 번째는 '물리적 리소스' 문제예요. 클라우드 데이터센터는 고도의 안정성을 갖추고 있지만, 하드웨어 고장, 정전, 화재, 지진 같은 물리적인 사건은 여전히 발생할 수 있어요. 물론 클라우드 제공업체는 다중 리전 구성과 이중화 설계 등을 통해 이러한 문제에 대비하지만, 일시적인 중단이나 성능 저하는 불가피할 수 있어요.

네 번째는 '네트워크' 문제예요. 클라우드는 인터넷 기반의 서비스이기 때문에, 네트워크 병목, 라우팅 오류, DNS 설정 문제, 외부 공격(DDoS 등)도 장애의 주요 원인이 될 수 있어요. 실제로 DNS 구성 오류 하나만으로도 세계적인 인터넷 서비스가 마비된 사례들이 있어요.

이처럼 클라우드에서는 장애가 여러 계층에서 발생할 수 있기 때문에, 어디서 문제가 발생했는지를 빠르게 파악하고 그에 맞는 대응 전략을 세우는 것이 중요해요. 예를 들어, 가상 머신 인스턴스가 멈춘 경우와 데이터베이스 연결이 끊긴 경우는 원인도 다르고 해결 방법도 달라요. 따라서 모니터링, 로깅, 경고 시스템, 자동 복구 등 체계적인 대응 도구가 필요해요.

결국 장애는 언제든 발생할 수 있어요. 중요한 것은 이를 인정하고, 장애에 대한 감지→대응→복구의 전체 주기를 체계적으로 준비하는 거예

요. 이를 위해 클라우드에서는 다음과 같은 전략들을 사용해요:

- 실시간 모니터링과 알림 시스템
- 자동 복구 및 자가 치유(Self healing) 기능
- 다중 리전 이중화 구성
- 정기적인 백업과 복원 시나리오 점검
- 복구 시점 목표(RPO)와 복구 시간 목표(RTO) 수립
- 사후 분석(Postmortem)과 재발 방지 체계

클라우드를 신뢰한다는 것은, 장애가 전혀 없다는 환상을 믿는 것이 아니에요. 오히려, 장애가 발생하더라도 그 영향을 최소화하고 빠르게 복구할 수 있는 체계를 믿는 것이에요. 장애를 숨기기보다는 투명하게 공개하고, 분석하고, 개선해 나가는 것이 클라우드 시대의 올바른 기술 문화예요.

8.2 모니터링과 로그 수집

어떤 시스템이든 장애가 생기면 빨리 알아채는 게 중요해요. 문제가 생긴 지 몇 시간이나 지나서야 알게 된다면, 고객은 이미 불편을 겪었고, 회사 신뢰도도 떨어졌을 수 있거든요. 그래서 클라우드에서는 장애가 생겼는지를 자동으로 알아내고, 무슨 일이 벌어졌는지 확인할 수 있는 도구들이 꼭 필요해요. 그게 바로 모니터링과 로그 수집이에요.
모니터링은 말 그대로 "지켜보고 있는 것"이에요. 예를 들어 냉장고에

온도계가 달려 있다고 생각해보세요. 내부 온도가 갑자기 올라가면 경고음이 울리죠? 마찬가지로, 클라우드에서는 CPU 사용률, 가용한 메모리 용량, 서버가 응답하는 속도 같은 걸 계속 들여다보면서, 이상 징후가 생기면 알려줘요. 어떤 서버가 과열되거나, 트래픽이 갑자기 늘어나거나, 응답이 느려지면 '이상해요!' 하고 알려주는 거죠.

이렇게 실시간으로 상황을 감시하는 게 모니터링이라면, 그동안 어떤 일이 있었는지를 기록해 놓는 게 로그 수집이에요.

로그는 시스템이 남긴 일기장 같은 거예요. "오전 10시: 사용자 A가 로그인함", "10시 5분: DB에 저장 실패", "10시 6분: 에러 메시지 발생" 이런 식으로 시간 순서대로 기록이 남아요. 문제가 생기면 이 로그를 보면서 '언제부터 이상했는지', '어떤 요청이 원인이었는지'를 추적할 수 있어요.

예를 들어 손님이 음식점에 불만을 제기했을 때, CCTV를 돌려보면 그때 무슨 일이 있었는지를 알 수 있는 것처럼, 클라우드에서도 로그를 잘 남겨두면 문제를 정확히 파악할 수 있어요.

그런데 요즘 서비스는 서버가 한두 대가 아니라 수십, 수백 대가 되는 경우도 있어요. 각각 서버에 저장된 로그를 일일이 찾아보는 건 너무 힘들겠죠. 그래서 클라우드에서는 로그를 한 곳으로 모아서 보는 시스템을 사용해요. 이렇게 하면 "모든 서버 중 오늘 오전에 에러가 난 부분만 골라서 보기" 같은 것이 가능해지죠. 심지어 그래프로 보여주기도 해서, 언제부터 문제가 심해졌는지도 눈으로 쉽게 확인할 수 있어요.

조금 더 진화된 시스템에서는 서비스 흐름을 따라가는 기능도 제공해 줘요. 예를 들어 사용자가 쇼핑몰에서 결제를 시도했는데, '주문 → 재고 확인 → 결제 요청 → 배송 정보 저장' 과정 중 어디서 문제가 생겼는지를 하나하나 따라가면서 확인할 수 있는 기능이에요. 이런 걸 분산 추적 (Distributed Tracing)이라고 해요. 이름은 어렵지만, 실제로는 "흐름 따라가기"라고 생각하면 돼요.

이 모든 과정을 가능하게 만드는 기술이 꽤 많지만, 중요한 건 개념을 이해하는 것이에요. 즉, 클라우드에서 장애를 빠르게 감지하고 원인을 찾아내려면:

- 실시간 감시(모니터링)를 통해 문제가 생기자마자 알림을 받아야 하고,
- 기록(로그)을 통해 문제의 원인을 추적할 수 있어야 하며,
- 흩어진 데이터를 한 곳에 모아 보기 쉽게 정리할 수 있어야 해요.

이렇게 하면 문제가 생겨도 바로 대응할 수 있고, 재발 방지 대책도 세울 수 있어요. 장애를 완전히 막을 수는 없지만, 빨리 알고, 정확히 고치는 것은 충분히 가능하다는 걸 기억해 주세요.

8.3 고가용성(HA) 구성

인터넷 서비스에서 가장 무서운 일은 바로 서비스 중단이에요. 사용자가 "접속이 안 된다", "페이지가 안 떠요"라고 말하는 그 순간, 기업은 신뢰를 잃고 있을 수도 있고, 매출이 중단되고 있을 수도 있어요. 클라우드를 사용하는 가장 큰 이유 중 하나가 바로 이런 중단이 없는 서비스, 즉 고가용성(High Availability, HA)을 확보하기 위함이에요.

'고가용성'이라는 말은 조금 어려워 보일 수 있지만, 간단히 말하면 언제나 서비스를 사용할 수 있도록 준비하는 것이에요. 서비스가 잠깐이라도 멈추지 않게 만들자는 거예요.

클라우드에서는 이 고가용성을 구현하는 데 여러 가지 전략이 있어요. 가장 기본이 되는 방법은 같은 서버를 여러 대 준비해 두는 것이에요. 하나가 고장 나면, 다른 서버가 대신 일할 수 있게 해두는 거죠.

이런 구조에서 핵심은 로드 밸런서(Load Balancer)예요. 마치 콜센터에서 전화를 여러 상담원에게 고르게 배분해주는 시스템처럼, 로드 밸런서는 사용자 요청을 여러 서버에 나눠줘요. 그리고 만약 그중 하나의 서버가 응답하지 않거나 오류를 일으키면, 그 서버는 자동으로 제외하고, 정상 작동하는 서버만 사용하게 해줘요. 즉, 서버 하나에 장애가 생겨도 사용자는 이를 거의 알아채지 못하게 되는 거예요.

이런 구조는 웹 서버뿐 아니라 데이터베이스에도 적용돼요. 하나의 데이터베이스만 사용하면, 그게 멈췄을 때 전체 서비스가 정지될 수 있죠. 그래서 일반적으로는 복제본(Replica)을 함께 운영해요. 주 데이터베이스(Primary)에서 쓰기 작업을 하고, 읽기 전용의 보조 데이터베이스(Replica)는 부하를 분산하거나 비상시에 대체할 수 있도록 구성해요. 이걸 마스터-슬레이브 구조 또는 리드-레플리카 구조라고 불러요.

고가용성을 한층 더 확장한 개념으로는 다중 지역 배포(Multi-Region Deployment)가 있어요. 예를 들어 모든 서버를 서울 리전에만 두었는데,

만약 서울 데이터센터에 문제가 생기면 모든 서비스가 중단되겠죠. 그래서 아예 서울, 도쿄, 오사카 같은 다른 리전에 동일한 시스템을 복제해 두고, 문제가 생기면 자동으로 다른 지역에서 서비스를 이어받게 만드는 구조를 사용하는 거예요. 이걸 지리적 이중화(Geo redundancy) 또는 페일오버(Failover)라고 해요.

이런 구조는 단지 서버를 여러 개 두는 것에서 끝나지 않아요. 클라우드에서는 상태 감시도 자동화돼 있어요. 헬스 체크(Health Check)라고 불리는 이 기능은 서버가 응답을 잘 하고 있는지 정기적으로 확인해요. 만약 특정 서버가 응답하지 않거나 비정상적인 반응을 보이면, 그 서버는 자동으로 제거되고, 새로운 서버 인스턴스를 띄우는 자동 복구 절차가 시작돼요. 즉, 사람이 직접 서버 상태를 보고 대응하지 않아도 되도록 만들어두는 거예요.

조금 더 나아가면, 이런 시스템 구성을 코드로 작성해서 반복 가능하게 만들 수도 있겠죠. 이미 알아보았지만 이러한 기술을 IaC(Infrastructure as Code)라고 하죠. 하지만 여기서도 중요한 건, 고가용성은 단지 인프라를 중복시키는 것이 아니라, 그 중복된 자원들이 서로 자동으로 감지하고 전환하며 회복하도록 만드는 '자동화된 구조'까지 포함한다는 거예요.

고가용성을 위해 필요한 주요 구성 요소를 정리하면 이렇습니다:

- 서버 이중화: 하나의 역할을 하는 서버를 여러 개 운영
- 로드 밸런싱: 사용자 요청을 정상적인 서버로 분산
- 자동 복구(자가 치유): 문제가 생기면 서버를 자동으로 교체
- 복제된 데이터베이스: 주 DB와 보조 DB 운영으로 안정성 확보

- 지리적 이중화: 리전 또는 가용 영역(AZ) 단위의 서비스 복제
- 실시간 헬스 체크: 문제를 빠르게 감지하고 자동 조치

이 모든 걸 잘 갖추면, 클라우드 시스템은 서버 하나가 고장나더라도 전체 서비스는 멈추지 않고 계속 작동할 수 있어요. 바로 이런 구조가 클라우드의 강력한 회복력(Resilience)을 보여주는 부분이에요.

장애를 피할 수 없다면, 장애가 생겨도 사용자는 모르게 넘어갈 수 있도록 만드는 것, 그것이 바로 고가용성의 본질이에요.

8.4 재해복구 목표 수립

서비스를 운영하다 보면, 언젠가는 장애나 사고가 일어날 수 있어요. 서버가 멈추거나, 저장된 데이터가 손상될 수도 있지요. 그런데 문제는, 이럴 때 무엇을 얼마만큼 복구할 수 있느냐가 서비스 전체에 매우 중요한 영향을 준다는 거예요.

예를 들어, 데이디기 하루 전 상태로 돌아간다고 했을 때 '그 정도는 괜찮다'고 생각하는 서비스도 있지만, 어떤 서비스는 몇 분 전의 데이터만 잃어도 치명적일 수 있어요. 또, 서비스가 10분 정도 중단되는 건 괜찮지만, 1시간 이상 멈추면 고객 항의가 빗발칠 수도 있겠죠?

이런 고민을 수치로 정리한 것이 바로 두 가지 목표예요.

- RPO (Recovery Point Objective): 장애가 발생했을 때 얼마 전 시점까지의 데이터를 복구할 수 있어야 하는지를 정하는 기준이에요. 예를 들어, RPO가

10분이라면 백업을 최소 10분마다 해야겠죠? 그래야 장애가 생겨도 최근 10분치 데이터까지만 잃고 복구할 수 있어요.

- RTO (Recovery Time Objective): 장애가 발생한 이후, 얼마 안에 서비스를 복구해야 하는지를 정하는 목표예요. 예를 들어, RTO가 1시간이면 서비스가 멈추더라도 1시간 안에는 다시 정상 작동을 해야 한다는 뜻이에요.

RPO - 얼마전 데이터를 복구할 수 있는지

RTO - 언제까지 시스템을 복구할 수 있는지

이 두 가지는 그냥 기술적인 수치가 아니에요. 서비스의 성격과 고객의 기대에 따라 다르게 정해져야 해요. 예를 들어 병원 전산 시스템이라면 환자의 처방 정보가 실시간으로 기록되기 때문에 RPO는 거의 0에 가까워야 해요. 반면, 동네 도서관의 예약 시스템이라면 하루에 한 번만 백업해도 큰 문제는 없을 수 있어요.

또, 온라인 쇼핑몰의 결제 시스템은 장애가 나면 고객이 바로 이탈할 수 있어서 RTO를 5분 이내로 잡아야 할 수 있어요. 하지만 백오피스용 보고서 시스템이라면 몇 시간 후에 복구해도 충분할 수도 있겠지요.

이 RPO와 RTO는 기술팀만의 결정이 아니라, 서비스 운영팀, 기획자, 경영진 모두가 함께 정해야 하는 전략적인 기준이에요. 왜냐하면 목표가 정해지면, 그에 맞는 백업 주기, 이중화 방식, 복구 도구, 그리고 인프라 비용까지 모두 결정되기 때문이에요.

예를 들어,

- RPO가 1시간이면 → 1시간마다 백업
- RPO가 5분이면 → 실시간 동기화나 지속 복제 필요
- RTO가 2시간이면 → 복구 스크립트나 수동 조치 가능
- RTO가 5분이면 → 자동 장애 전환(failover) 시스템 필요

즉, RPO와 RTO는 '복구 전략의 기준점'이에요. 이 기준에 따라 어떤 도구를 사용할지, 얼마나 자주 백업을 할지, 어떤 인프라 구조를 선택할지가 결정돼요.

장애는 언제든 일어날 수 있어요. 중요한 건, 일어나지 않기를 바라는 것이 아니라, 일어났을 때 어디까지 복구할 수 있고, 얼마나 빨리 회복할 수 있느냐를 사전에 정하고 준비하는 것이에요. 그 출발점이 바로 RPO

와 RTO예요.

8.5 지역 중복과 백업 정책

장애가 발생했을 때 빠르게 복구하는 것도 중요하지만, 더 중요한 건 미리 준비해 두는 것이에요. 이걸 우리는 보통 재해 복구(Disaster Recovery, 줄여서 DR)라고 부릅니다. DR은 예상하지 못한 사건, 예를 들어 데이터센터 화재, 정전, 랜섬웨어 공격 같은 심각한 사건에도 서비스와 데이터를 지킬 수 있는 방법을 마련하는 것이에요.

클라우드에서는 이런 DR을 훨씬 유연하고 저렴하게 구현할 수 있어요. 왜냐하면 클라우드는 전 세계 여러 지역에 데이터센터를 가지고 있기 때문이에요. 이걸 잘 활용하면 한 지역이 마비되어도 다른 지역에서 서비스를 이어갈 수 있어요. 이 개념을 지역 중복(Region Redundancy)이라고 부릅니다.

예를 들어, 서울에만 모든 서버와 데이터가 있다면, 서울에 문제가 생기면 모든 게 중단돼요. 하지만 도쿄에도 똑같은 서버 구성과 데이터를 복사해 두면, 서울이 멈추더라도 도쿄가 대신 일을 할 수 있어요. 이렇게 여러 지역을 활용해 위험을 나누는 것이 DR의 첫 번째 전략입니다.

두 번째는 백업 정책이에요. 백업은 데이터를 보호하는 가장 기본적인 방법이에요. 그런데 단순히 백업만 해두는 건 충분하지 않아요. 백업도 어떤 규칙을 가지고 정기적으로 수행되어야 해요. 이걸 백업 정책(Backup Policy)이라고 불러요.

백업 정책을 설계할 때는 다음과 같은 질문에 답할 수 있어야 해요:

- 어떤 데이터를 백업할 것인가?
- 얼마나 자주 백업할 것인가?
- 백업 데이터를 어디에 저장할 것인가?
- 백업된 데이터는 어떻게 암호화하고 보호할 것인가?
- 백업 데이터를 얼마나 오래 보관할 것인가?

예를 들어, 운영 데이터는 매일 백업하고, 사용자 업로드 파일은 일주일에 한 번 백업하며, 오래된 백업은 90일 뒤 자동으로 삭제하는 식으로 계획을 세울 수 있어요. 또 중요한 건, 백업된 데이터를 실제로 복구해 보는 테스트도 꼭 필요해요. 백업이 잘 됐다고 생각했지만, 막상 복구하려고 할 때 파일이 깨져 있거나 너무 오래 걸려서 못 쓰는 경우도 있으니까요.

그리고 중요한 백업은 다른 지역에 보관해야 해요. 같은 지역에만 저장해두면, 화재나 정전이 발생했을 때 원본과 백업이 함께 날아갈 수 있어요. 그래서 멀티 리전 백업 또는 크로스 리전 복제를 사용하는 것이 좋습니다. 이 방식은 비용이 조금 더 들 수 있지만, 데이터를 정말 안전하게 보호하는 방법이에요.

일상생활에서도 이런 개념은 익숙해요. 예를 들어 집에 있는 중요한 서류를 USB에 저장해 두는 것은 백업에 해당하고, 그 USB를 집이 아닌 다른 장소(예: 회사나 은행 금고)에 보관하는 건 지역 중복에 해당한다고 볼 수 있어요. 불이 나더라도 함께 날아가지 않게 하기 위한 대비죠.

DR을 설계할 때는 너무 복잡하게 시작할 필요는 없어요. 중요한 데이터를 다른 리전에 한 번 더 저장하고, 복구 테스트를 해보는 것부터 시작하면 됩니다. 그리고 점점 자동화하거나 복잡한 복구 시나리오로 확장할 수 있어요.

요약하면, DR의 기초는 다음 두 가지로 구성돼요:

- 지역 중복: 한 지역에 문제가 생겨도 다른 지역에서 서비스를 이어갈 수 있도록 준비
- 백업 정책: 어떤 데이터를 언제, 어디에, 어떻게, 얼마나 오래 백업할지 정해두고 실행

이 두 가지를 잘 갖추면, 예기치 못한 장애나 재해가 발생해도 서비스를 지키고, 데이터를 안전하게 복원할 수 있어요.

핵심개념 퀴즈

1. 클라우드 환경에서 장애가 발생하는 가장 흔한 원인 중 하나는 무엇이며, 이에 대한 간단한 예시를 드시오.

2. 시스템 장애 발생 시 문제를 빠르게 인지하는 데 도움을 주는 '모니터링'은 무엇을 의미하는가?

3. 분산된 마이크로서비스 환경에서 장애 원인을 추적하기 위해 사용되는 '분산 추적'의 기본적인 아이디어는 무엇인가?

4. 고가용성(HA) 구성에서 사용자 요청을 여러 대의 서버에 분산시키고 문제가 있는 서버를 자동으로 제외하는 역할을 하는 구성 요소는 무엇인가?

5. 데이터베이스의 고가용성을 확보하기 위해 일반적으로 사용되는 마스터-슬레이브(또는 리드-레플리카) 구조의 핵심 기능은 무엇인가?

6. 지리적 이중화(Geo-redundancy)가 필요한 주된 이유는 무엇인가?

7. RPO (Recovery Point Objective)가 1시간으로 설정되었다면, 이는 어떤 의미이며 백업 주기에 어떤 영향을 줄 수 있는가?

8. RTO (Recovery Time Objective)가 10분으로 설정되었다면, 이는 서비스 복구 측면에서 어떤 목표를 의미하는가?

9. 재해 복구(DR) 설계의 기초 중 하나인 '지역 중복' 전략의 목적은 무엇인가?

10. 백업 정책 수립 시, 백업 데이터를 원본과 다른 지역에 저장하는 멀티 리전 백업을 고려하는 이유는 무엇인가?

정답

1. 가장 흔한 원인은 인간의 실수입니다. 예를 들어, 클라우드 운영자가 잘못된 명령어를 입력하여 많은 서버나 서비스에 영향을 주는 경우입니다.

2. 모니터링은 CPU 사용률, 메모리 용량 등 시스템의 주요 상태 지표를 실시간으로 지속적으로 감시하여 이상 징후를 즉시 파악하는 것을 의미합니다.

3. 분산 추적은 사용자 요청이 여러 서비스를 거칠 때, 그 전체 흐름을 기록하여 어느 단계에서 오류가 발생했는지 따라가면서 원인을 파악하는 것입니다.

4. 사용자 요청을 여러 서버로 분산시키고 장애 서버를 제외하는 역할은 로드 밸런서(Load Balancer)가 담당합니다.

5. 마스터-슬레이브 구조는 쓰기 작업은 주 DB에서 처리하고, 읽기 작업은 보조 DB에서 처리하거나 장애 발생 시 보조 DB가 주 DB를 대체하여 데이터베이스의 안정성을 높이는 기능입니다.

6. 지리적 이중화는 특정 지역에 발생한 자연재해나 광범위한 장애로 인해 해당 지역의 데이터센터 전체가 마비되는 상황에서도 서비스가 중단되지 않고 다른 지역에서 계속 운영될 수 있도록 대비하기 위함입니다.

7. RPO가 1시간이라는 것은 장애 발생 시 최대 1시간 분량의 데이터 손실만 허용하겠다는 의미입니다. 따라서 적어도 1시간마다 또는 그보다 더 짧은 주기로 데이터를 백업해야 합니다.

8. RTO가 10분이라는 것은 서비스가 중단된 후 최대 10분 이내에는 반드시 정상적인 서비스 운영 상태로 복구되어야 한다는 목표를 의미합니다.

9. 지역 중복 전략의 목적은 한 지역에서 심각한 재해가 발생하여 시스템이 마비되더라도, 다른 지역에 복제된 시스템을 통해 서비스 연속성을 확보하는 것입니다.

10. 멀티 리전 백업은 원본 데이터와 백업 데이터가 동일한 지역에 있을 경우, 해당 지역 전체의 재해로 인해 원본과 백업 모두 손실될 위험을 방지하고 데이터의 안전성을 극대화하기 위해 고려됩니다.

요약

- 클라우드 환경에서는 장애 대응이 특히 중요합니다.

- 장애의 원인은 하드웨어 고장, 사람의 실수, 네트워크 문제, 외부 공격 등 다양합니다.

- 장애가 발생하면 원인을 추적하고, 영향을 최소화하며, 빠르게 복구하는 것이 중요합니다.

- 장애를 빠르게 감지하고 원인을 추적하기 위해 모니터링과 로그 수집이 필요합니다.

- 고가용성을 확보하기 위해 서버 이중화, 로드 밸런싱, 자동 복구, 복제된 데이터베이스, 지리적 이중화, 실시간 헬스 체크 등의 전략을 사용합니다.

- RPO(복구 시점 목표)와 RTO(복구 시간 목표)를 설정하여 장애 발생 시 데이터를 복구하고 서비스를 복구하는 기준을 정합니다.

- 재해복구(DR)를 위해 지역 중복과 백업 정책을 설계합니다.

- 중요한 데이터를 다른 리전에 저장하고, 백업 테스트를 통해 복구 가능성을 확인합니다.

09

주요 클라우드 플랫폼 비교

이번 장에서는 클라우드 플랫폼을 고를 때 참고할 수 있는 다양한 기준과 전략들을 다뤄볼 거예요. AWS, Azure, GCP 같은 글로벌 클라우드는 기본 기능은 비슷하지만, 각각의 강점과 활용에 적합한 환경이 달라요. 같은 기능도 서비스 이름이나 구성 방식이 다르다 보니 처음에는 헷갈릴 수 있는데, 이 장에서는 그런 차이들을 쉽게 비교해볼 수 있도록 정리해놨어요. 또한 NHN클라우드, 네이버클라우드, KT클라우드 같은 국내 서비스들도 소개할 거예요. 이들은 한국어 지원이나 법적 요구사항 충족 면에서 강점을 가지기 때문에, 국내 기업이나 공공기관에는 더 잘 맞을 수 있어요. 마지막으로 멀티 클라우드와 하이브리드 클라우드처럼 여러 플랫폼을 조합해서 사용하는 전략도 살펴볼 거예요. 이제는 '어떤 클라우드를 쓸까'보다 '어떻게 잘 조합해서 쓸까'가 더 중요해지고 있거든요.

9.1 AWS, Azure, GCP 공통점과 차이점

클라우드를 처음 접하는 분들에게 가장 혼란스러운 것 중 하나는 "어떤 클라우드를 써야 하나요?"라는 질문이에요. AWS, Azure, GCP처럼 대표적인 글로벌 클라우드 서비스가 여러 개 있다 보니, 어떤 기준으로 선택해야 할지 막막할 수밖에 없지요. 이 절에서는 이 세 가지 클라우드 플랫폼이 어떤 공통점을 가지고 있는지, 그리고 무엇이 서로 다른지를 간단히 정리해볼 거예요.

먼저 공통점부터 살펴볼게요. 세 플랫폼 모두 기본적으로 가상 머신, 스토리지, 네트워크, 데이터베이스, 보안 도구, 모니터링 서비스 등 클라우드 인프라 운영에 필요한 기능을 폭넓게 제공합니다. 즉, 가장 기본적인 서비스를 기준으로 보면 '할 수 있는 일'에는 큰 차이가 없어요. 예를 들어, AWS에는 EC2(Elastic Compute Cloud), Azure에는 버추얼머신(Virtual Machines), GCP에는 컴퓨트 엔진(Compute Engine)이 있어요. 이들 모두는 가상 머신을 제공하는 서비스예요. 이름만 다를 뿐이지요.

네트워크 서비스도 거의 비슷해요. AWS의 VPC(Virtual Private Cloud), Azure의 가상 네트워크(Virtual Network), GCP의 VPC(Virtual Private Cloud) 모두 사용자 정의 네트워크를 구성하고, 서브넷, 방화벽, 라우팅 등을 설정할 수 있게 해줘요. 역시 이름은 다르지만 핵심 기능은 유사하지요.

또한, 이들 모두 전 세계에 데이터 센터(리전)를 운영하고 있고, 이중화, 백업, 장애 대응, 비용 최적화 기능들을 어느 정도는 공통으로 제공합니다. 그리고 최근에는 인공지능(AI), 빅데이터 분석, 서버리스 컴퓨팅 같은 고급 서비스 영역에서도 서로 비슷한 제품군을 확대하고 있어요. 말

하자면, '기능적으로는 점점 더 닮아가는 중'이라고 볼 수 있어요.

그럼에도 불구하고 각 플랫폼은 출발점이 다르고 강점이 다른 만큼 차이도 분명히 존재해요. 예를 들어, AWS는 시장 점유율 1위로, 가장 다양한 서비스와 글로벌 고객층을 보유하고 있어요. 빠르게 실험하고 다양한 기능을 시도해보고 싶은 개발자나 스타트업에게는 AWS가 매력적인 선택일 수 있어요. 기능이 많고 생태계가 넓은 만큼, 실험적인 시도가 많고 문서도 풍부하지요.

Azure는 마이크로소프트의 기술과의 연동성이 가장 큰 장점이에요. 기존에 윈도우 서버, SQL서버(SQL Server), 액티브 디렉토리(Active Directory) 등을 사용하던 기업이라면 Azure가 가장 자연스럽고 통합 관리가 쉬운 선택이에요. 특히 마이크로소프트 365, 팀즈(Teams), 파워 BI(Power BI)와도 연계가 쉬워서 기업 IT 환경과 클라우드를 자연스럽게 통합하고자 할 때 강력한 옵션이에요.

GCP는 데이터 분석과 인공지능에 특화된 기능이 강점이에요. 구글의 기술력을 기반으로 한 빅쿼리(BigQuery)나 버텍스 AI(Vertex AI) 같은 서비스는 대규모 데이터를 다루거나 AI 모델을 클라우드에서 실험하고 운영하려는 경우에 유리해요.

이처럼 플랫폼 간의 차이는 단순히 '기능'보다는 '어떤 고객을 위한 서비스인가', '어떤 환경에서 가장 잘 작동하는가'로 이해하는 것이 좋아요. 예를 들어, 정부나 대기업 중심의 보수적인 IT 환경에서는 Azure가, 기술 중심의 빠른 실험을 원하는 스타트업 환경에서는 AWS가, 데이터 기반의 서비스나 AI 개발에서는 GCP가 더 어울릴 수 있어요.

처음에는 비슷해 보여도, 실제로 어떤 업무를 하느냐에 따라 '이건 Azure가 낫겠네', '이건 GCP가 더 편하겠다'는 판단이 생기게 돼요. 중요한 건 한 가지 플랫폼만 익히기보다, 전체적인 구조와 공통 기능을 익힌 뒤, 각 클라우드의 특징을 이해하고 적절히 활용할 수 있는 시야를 갖추는 거예요.

이제 다음 절에서는 이들 플랫폼의 주요 서비스를 서로 어떻게 부르고, 어떤 기능으로 구분되는지를 더 구체적으로 살펴볼 예정이에요. 이름은 달라도 본질은 비슷한 것들이 많으니까요.

9.2 주요 서비스 비교

클라우드 플랫폼을 사용하다 보면 자주 느끼게 되는 어려움 중 하나가 바로 "같은 기능인데 왜 이름이 다르지?" 하는 혼란이에요. 예를 들어, 가상 머신을 띄우는 기능은 세 플랫폼 모두 제공하지만, 이름은 제각각

이에요. 이 절에서는 AWS, Azure, GCP의 대표적인 서비스들을 기능별로 나누어 어떤 용어로 불리는지를 비교해보려 해요.
가장 기본이 되는 인프라부터 살펴볼게요.

기능 영역	AWS	Azure	GCP
가상 머신(VM)	EC2	Virtual Machines	Compute Engine
객체 스토리지	S3	Blob Storage	Cloud Storage
블록 스토리지	EBS	Managed Disks	Persistent Disk
파일 스토리지	EFS	Azure Files	Filestore
관계형 데이터베이스	RDS	Azure SQL Database	Cloud SQL
NoSQL 데이터베이스	DynamoDB	Cosmos DB	Firestore / Datastore
메시지 큐	SQS	Azure Service Bus / Queue	Pub/Sub
서버리스 함수	Lambda	Azure Functions	Cloud Functions
컨테이너 관리	ECS / EKS	AKS	GKE (Google Kubernetes Engine)
로드 밸런서	ELB	Azure Load Balancer	Cloud Load Balancing
CDN	CloudFront	Azure Front Door / CDN Profile	Cloud CDN
VPN	AWS VPN	Azure VPN Gateway	Cloud VPN
모니터링 및 로깅	CloudWatch	Azure Monitor + Log Analytics	Operations Suite (ex Stackdriver)
사용자 인증	Cognito	Azure Active Directory (AAD)	Identity Platform
DevOps 도구	CodePipeline / CodeBuild	Azure DevOps / GitHub Actions	Cloud Build / Cloud Deploy
AI/ML 플랫폼	SageMaker	Azure Machine Learning	Vertex AI

이 표를 보면 알 수 있듯이, 같은 기능을 서로 다른 이름으로 부르고 있어요. AWS는 다소 간단하고 직관적인 이름을 쓰는 편이고, Azure는 기존 Microsoft 제품과 연계된 용어가 많아요. GCP는 구글의 기술 철학이 반영된 이름들이 많고, 일부는 오픈소스 기반으로 발전해온 경우도 있어요.

또한 중요한 점은, 서비스 간의 개념은 유사하지만 세부 기능이나 설정 방식은 조금씩 다를 수 있다는 점이에요. 예를 들어 AWS의 람다(Lambda)와 Azure 펑션(Functions)는 모두 서버리스 함수 실행을 지원하지만, 트리거 설정 방식이나 배포 도구, 과금 체계는 다를 수 있어요. 즉, 이름만 외우기보다 실제로 사용해보면서 각 플랫폼의 특성을 익히는 것이 중요해요.

사용자 경험 측면에서도 차이가 있어요. 예를 들어:

- AWS는 설정 가능한 항목이 많고 자유도가 높은 대신, 진입 장벽이 높을 수 있어요.
- Azure는 Microsoft 환경에 익숙한 사용자에게 직관적인 구성과 연계를 제공해요.
- GCP는 간결하고 개발자 친화적인 UI, 문서 구조, 설정 흐름을 지니고 있어요.

또한 IAM 구성, VPC 설정 같은 기초 인프라 설정의 난이도나 공식 문서의 품질, 커뮤니티의 규모도 실제 사용 만족도에 큰 영향을 줘요. 기능뿐 아니라 이런 사용자 관점의 요소도 플랫폼 선택에 중요한 기준이 될 수 있어요.

클라우드 입문자에게는 이런 용어의 차이들이 장벽처럼 느껴질 수 있어요. 하지만 한 플랫폼을 익히면 다른 플랫폼도 금방 적응할 수 있다는 점을 기억해두면 좋아요. 핵심 개념과 구조는 크게 다르지 않거든요. 각 플랫폼의 용어만 익혀두면, 이후에는 문서나 튜토리얼을 읽는 속도가 훨씬 빨라져요.

다음 절에서는 국내에서 제공되는 클라우드 서비스에 대해서도 간단히 알아볼 거예요. NHN클라우드나 네이버클라우드, KT클라우드와 같은 국내 서비스들도 AWS, Azure, GCP와 유사한 구조를 가지고 있어요. 이들을 함께 비교해보면 더욱 풍성한 시야를 가질 수 있을 거예요.

9.3 국내 클라우드(NHN클라우드, 네이버클라우드, KT클라우드)

해외 클라우드 서비스만 있는 것은 아니에요. 국내에도 자체적인 데이터 센터를 운영하며 다양한 서비스를 제공하는 클라우드 기업들이 있어요. NHN클라우드, 네이버클라우드, KT클라우드가 대표적인 예지요. 이들 플랫폼은 기술적인 기반은 AWS나 Azure와 유사하지만, 국내 법률과 제도, 고객 맞춤형 지원, 한국어 기반 문서, 로컬 환경 최적화 같은 측면에서 차별화된 강점을 가지고 있어요.

먼저 NHN클라우드를 살펴볼게요. NHN클라우드는 게임, 커머스, 공공 부문을 중심으로 한 산업 특화 클라우드 서비스를 제공하고 있어요. 특히 국내 게임 산업에서 자주 사용되는 만큼, 트래픽이 급증하는 이벤트 처리, 실시간 로그 분석, 모바일 푸시 알림 같은 기능들이 잘 정비되어 있어요. 또한 개발자 도구나 API 기반 서비스도 제공하고 있어서, 비교적 소규모 개발팀이나 스타트업에게도 접근이 쉬운 편이에요.

다음은 네이버클라우드예요. 포털과 AI 서비스에 강점을 가진 네이버의 인프라를 그대로 활용할 수 있는 게 가장 큰 장점이에요. 특히 네이버클라우드는 AI 플랫폼, 검색 기반 API, 음성/자연어 처리 기술이 풍부하게 제공돼요. '하이퍼클로바X'와 같은 AI 기술을 클라우드 API 형태로 사용할 수 있어서, 자연어 처리 기반 서비스나 챗봇, 번역 기능 등을 쉽게 구축할 수 있어요. 또한, 네이버는 일본과 베트남 등 해외 리전도 운영하고 있어 글로벌 서비스를 고려할 때도 유용해요.

마지막으로 KT클라우드는 통신망과 연계된 인프라에서 강점을 가지고 있어요. KT는 국내 최대 규모의 네트워크 백본과 IDC를 보유하고 있어서 영상 스트리밍, 방송, 공공 부문에서 많이 채택되고 있어요. 특히 5G와 연계한 엣지 클라우드, 망 분리 환경, 통신 기반 위치 정보 서비스 등

한국어 지원은 기본! 공공 인증도 철저! 데이터는 국내에, 걱정은 밖으로

은 다른 클라우드에서 쉽게 제공하지 않는 고유한 영역이에요. KT클라우드는 과거 uCloud Biz라는 이름으로 시작해서, 최근에는 클라우드 전담 자회사로 독립하면서 빠르게 서비스를 정비하고 있어요.

이 세 국내 클라우드 사업자들의 공통점은 다음과 같아요. 첫째, 한국어 기반의 문서와 콘솔을 기본으로 제공하기 때문에 기술 장벽이 낮고, 둘째, 공공기관 인증 체계(KISA, ISMS-P, CSAP 등)를 갖추고 있어 민감한 데이터를 다루는 조직에서도 사용할 수 있어요. 그리고 마지막으로, 국내에서 발생하는 데이터가 국내에 저장된다는 점은 데이터 주권이나 법적 이슈가 중요한 환경에서 매우 중요한 요소예요.

정리하자면, AWS, Azure, GCP와 같은 글로벌 플랫폼은 서비스의 폭과 안정성 면에서 뛰어난 반면, NHN클라우드, 네이버클라우드, KT클라우드는 국내 환경에 맞춘 유연한 지원과 서비스 최적화가 강점이에요. 각 클라우드의 특성과 장단점을 잘 이해하고, 업무 환경이나 법적 요구사항에 따라 적절히 선택하는 것이 무엇보다 중요해요.

다음 절에서는 이러한 선택을 어떻게 현명하게 할 수 있을지, 기술 외적인 요소들까지 고려한 클라우드 선택 기준을 함께 살펴볼 거예요.

9.4 클라우드 선택 기준

클라우드 플랫폼을 고를 때 가장 많이 받는 질문 중 하나는 "어떤 클라우드를 쓰는 게 좋을까요?"예요. 그런데 이 질문은 마치 "어떤 차가 가장 좋은가요?"라는 질문과 비슷해요. 목적에 따라, 예산에 따라, 운전 습관에 따라 '좋은' 차가 달라지듯, 클라우드도 상황에 따라 적합한 선택이 달라지기 때문이에요.

그래서 클라우드 플랫폼을 선택할 때는 단순히 '유명한 서비스'를 고르는 게 아니라, 자신의 환경에 맞는 기준을 세우고 비교하는 것이 중요해요. 일반적으로 고려할 수 있는 대표적인 기준은 다음과 같아요.

첫째, 기술적인 적합성이에요. 예를 들어 회사가 마이크로소프트 기술 기반(예: Windows Server, .NET Framework, SQL Server)이라면 Azure가 자연스러운 선택일 수 있어요. 반면, 오픈소스 기반의 개발 환경을 선호하거나, 컨테이너 중심의 마이크로서비스 아키텍처를 사용하고 있다면 AWS나 GCP도 좋은 선택이 될 수 있어요. 최근에는 최근에는 국내 클라우드 기업들도 쿠버네티스 환경 등을 잘 지원하고 있기 때문에 기술 스택과 클라우드 기능이 얼마나 잘 맞물리는지가 중요해요.

둘째, 비용도 중요한 요소예요. 클라우드 요금은 사용량에 따라 과금되기 때문에 처음에는 저렴해 보여도, 실제 사용시간이 길어질수록 예상보다 많은 비용이 발생할 수 있어요. 특히 스토리지 요금, 데이터 전송 요금, 예약 인스턴스 할인 같은 부분은 플랫폼마다 차이가 있으니 주의 깊게 살펴봐야 해요. 국내 클라우드는 해외 전송 요금이나 환율 부담이 상대적으로 낮아 예산에 민감한 프로젝트에는 유리할 수 있어요.

셋째, 지역성과 법적 요구사항도 빼놓을 수 없어요. 의료, 교육, 금융, 공공기관처럼 데이터를 반드시 국내에 저장해야 하는 경우가 많아요. 이럴 땐 CSAP 인증을 받은 NHN클라우드, 네이버클라우드, KT클라우드처럼 국내 데이터센터를 기반으로 운영되는 플랫폼을 선택해야 해요. 또한 로컬 네트워크 품질이나 지연시간(Latency) 문제도 서비스 품질에 영향을 주기 때문에, 실제 사용자가 어느 지역에 있는지도 고려해야 해요.

넷째, 기술 지원과 커뮤니케이션 채널이에요. 복잡한 오류가 발생했을 때, 빠르게 문제를 해결해 줄 수 있는 지원 체계가 얼마나 잘 마련되어 있는지도 중요한 선택 기준이에요. AWS와 Azure, GCP는 글로벌 기업답게 방대한 문서와 커뮤니티를 보유하고 있어요. 반면, 국내 클라우드는 한국어 지원이 원활하고, 국내 개발 문화를 잘 이해하고 있는 담당자와 직접 소통할 수 있는 장점이 있어요. 중소기업이나 클라우드 경험이 적은 조직에서는 이런 밀착형 지원이 오히려 더 큰 도움이 되기도 해요.

이 외에도 각 기업의 전략 방향, 조직의 클라우드 성숙도, 내부 보안 정책, SLA 보장 범위, 마이그레이션 난이도 등도 실제 선택 시 중요한 기준이 될 수 있어요. 클라우드는 단순히 도구가 아니라, 기업 IT 전략 전체에 영향을 주는 인프라 구조이기 때문에, 단기적 편의보다는 장기적 관점에서 신중히 선택하는 것이 좋아요.

결국, 어떤 클라우드가 가장 좋으냐는 질문보다는 '우리에게 어떤 클라우드가 가장 잘 맞느냐'가 더 정확한 질문이에요. 다음 절에서는 하나의 클라우드만 사용하는 것이 아니라, 두 개 이상을 혼합해서 사용하는 멀티 클라우드와 하이브리드 클라우드 전략에 대해 이야기해 볼 거예요. 이제 클라우드를 선택하는 시대에서, 클라우드를 구성하고 운영하는 전략의 시대로 넘어가고 있거든요.

9.5 멀티 클라우드와 하이브리드 클라우드

클라우드 도입 초창기에는 대부분 하나의 클라우드 플랫폼만 선택해서 사용하는 방식이 일반적이었어요. 예를 들어 AWS만, 또는 Azure만 사용하는 식이었지요. 하지만 시간이 지나면서 '하나만으로는 부족하다'는 고민이 생기기 시작했어요. 어떤 기능은 AWS가 더 낫고, 어떤 부서는 이미 Azure에 익숙하고, 어떤 데이터는 반드시 국내에 있어야 하는 경우처럼요. 이처럼 다양한 요구를 충족하기 위해 등장한 개념이 바로 멀티 클라우드(Multi Cloud)와 하이브리드 클라우드(Hybrid Cloud)예요.

먼저 멀티 클라우드는 말 그대로 둘 이상의 클라우드 서비스를 동시에 사용하는 전략이에요. 예를 들어, 웹 서비스는 GCP에서 운영하고, 데이터 분석은 AWS에서, 업무 시스템은 Azure에서 운영하는 식이에요. 멀티 클라우드의 장점은 특정 벤더에 종속되지 않고, 각 클라우드의 장점을 조합해서 사용할 수 있다는 것이에요. 또한 한 클라우드가 장애가 나더라도 다른 클라우드로 일부 기능을 유지할 수 있어 리스크 분산 측면에서도 도움이 돼요.

다만 멀티 클라우드는 기술적으로 쉽지는 않아요. 각 클라우드마다 설정 방식이 다르고, 보안 정책이나 비용 구조도 다르기 때문에 통합된 관리가 어렵고 운영 복잡도가 커져요. 그래서 멀티 클라우드는 보통 일정 규모 이상의 기업, 또는 클라우드 운영에 능숙한 조직이 시도하는 편이에요.

한편 하이브리드 클라우드는 퍼블릭 클라우드(AWS, Azure 등)와 온프레미스(자체 데이터센터)를 함께 사용하는 방식이에요. 예를 들어, 민감한 개인정보는 내부 서버에 두고, 이미지나 로그 데이터는 클라우드에 저장하는 식이지요. 또는 내부 시스템은 그대로 두고, 외부 API 서비스만 클라우드에 올려서 사용하는 경우도 있어요.

하이브리드 전략은 특히 기존에 대규모 IT 자산을 갖고 있는 금융사, 공공기관, 대기업에서 많이 사용돼요. 이미 구축해놓은 시스템을 완전히

클라우드로 옮기기에는 리스크가 크거나, 법적 제약이 있는 경우가 많기 때문이에요. 또한, 특정 시점에만 리소스를 확장하고 싶을 때도 온프레미스 시스템에 클라우드를 붙여서 '확장 인프라'처럼 활용할 수 있어요.

최근에는 각 클라우드 벤더들도 멀티 클라우드와 하이브리드를 적극 지원하고 있어요. 예를 들어, 애저 아크(Azure Arc)는 온프레미스와 다른 클라우드를 포함한 환경을 Azure 포털에서 관리할 수 있도록 해주고, AWS 아웃포스트(AWS Outposts)는 AWS 인프라를 기업 내부에 설치할 수 있도록 해줘요. GCP의 Anthos는 여러 클라우드와 온프레미스 환경에서 쿠버네티스를 일관되게 운영할 수 있게 도와줘요.

정리하자면, 클라우드는 이제 '어디에 올릴까'를 넘어서서 '어떻게 나눠서 운영할까'로 전략이 확장되고 있어요. 단일 클라우드 전략은 단순하지만 유연성이 떨어질 수 있고, 멀티 클라우드와 하이브리드는 더 복잡하지만 상황에 따라 훨씬 더 강력한 아키텍처를 만들 수 있어요.

중요한 건, 도입 전에 우리 조직의 목표와 운영 역량을 먼저 진단하고, 그에 맞는 전략을 세우는 거예요. 클라우드는 단순한 기술이 아니라, 비즈니스와 기술을 연결하는 전략적 선택이라는 점을 잊지 말아야 해요.

핵심개념 퀴즈

1. AWS, Azure, GCP 세 클라우드 플랫폼의 가장 기본적인 기능 공통점 두 가지를 설명하시오.

2. Azure의 가장 큰 강점은 무엇이며, 어떤 기업 환경에 유리할 수 있는지 설명하시오.

3. GCP가 데이터 분석 및 인공지능 분야에서 강점을 갖는 이유는 무엇인지 설명하시오.

4. AWS, Azure, GCP에서 가상 머신 서비스를 각각 무엇이라고 부르는지 쓰시오.

5. 관계형 데이터베이스 서비스의 경우, AWS의 RDS에 해당하는 Azure와 GCP의 서비스 이름은 무엇인지 쓰시오.

6. NHN클라우드가 강점을 보이는 산업 분야는 무엇이며, 그 이유는 무엇인지 설명하시오.

7. 네이버클라우드가 다른 클라우드와 차별화되는 AI 관련 서비스의 특징은 무엇인지 설명하시오.

8. KT클라우드가 가진 가장 큰 인프라적 강점은 무엇이며, 어떤 분야에 주로 사용되는지 설명하시오.

9. 클라우드 플랫폼 선택 시 고려해야 할 '지역성 및 법적 요구사항'은 무엇을 의미하는지 설명하시오.

10. 멀티 클라우드 전략과 하이브리드 클라우드 전략의 가장 큰 차이점은 무엇인지 설명하시오.

정답

1. 세 플랫폼 모두 가상 머신, 스토리지, 네트워크 등 클라우드 인프라 운영에 필요한 기본적인 기능을 폭넓게 제공합니다. 또한 전 세계에 데이터 센터(리전)를 운영하며 이중화, 백업, 장애 대응 기능을 공통으로 제공합니다.

2. Azure의 가장 큰 강점은 마이크로소프트 기술과의 연동성입니다. 기존에 윈도우 서버, SQL Server, Active Directory 등을 사용하던 기업 IT 환경과의 통합 관리에 유리합니다.

3. GCP는 Google의 기술력을 기반으로 한 BigQuery, Vertex AI 같은 서비스와 오픈소스 친화적인 문화 덕분에 대규모 데이터 처리나 AI 모델 개발 및 운영에 강점을 가집니다.

4. AWS는 EC2, Azure는 Virtual Machines, GCP는 Compute Engine이라고 부릅니다.

5. Azure는 Azure SQL Database, GCP는 Cloud SQL입니다.

6. NHN클라우드는 게임, 커머스, 공공 부문에서 강점을 보이며, 이는 트래픽 처리, 실시간 분석, 모바일 푸시 등 해당 산업 특화 기능들이 잘 정비되어 있기 때문입니다.

7. 네이버클라우드는 네이버의 AI 기술(클로바, 하이퍼클로바X 등)을 클라우드 API 형태로 제공하여, 자연어 처리 기반 서비스나 챗봇 구축 등을 쉽게 할 수 있습니다.

8. KT클라우드는 국내 최대 규모의 네트워크 백본과 IDC를 보유한 통신망 연계 인프라에 강점을 가집니다. 주로 영상 스트리밍, 방송, 공공 부문에서 채택됩니다.

9. 데이터를 특정 국가(예: 국내)에만 저장해야 하는 법적 의무나 규제가 있는지, 그리고 서비스 사용자의 지역과 데이터센터의 물리적 거리로 인한 네트워크 지연 문제가 없는지를 고려하는 것입니다.

10. 멀티 클라우드는 둘 이상의 '퍼블릭 클라우드'만을 사용하는 전략인 반면, 하이브리드 클라우드는 '퍼블릭 클라우드'와 '온프레미스(자체 데이터센터)'를 함께 사용하는 전략입니다.

요약

- 클라우드 기술을 배우기 시작할 때 가장 먼저 떠오르는 질문은 "어떤 클라우드를 써야 하나요?"입니다.
- AWS, Azure, GCP는 각각의 태생, 철학, 기술 연동 방식, 요금 체계가 다릅니다.
- AWS, Azure, GCP는 가상 머신, 스토리지, 데이터베이스, 네트워크 같은 기본 인프라 서비스를 제공합니다.
- AWS는 시장 점유율 1위로, 다양한 서비스와 글로벌 고객층을 보유하고 있습니다.
- Azure는 마이크로소프트의 기술과 연동성이 가장 큰 장점입니다.
- GCP는 데이터 분석과 인공지능에 특화된 기능이 강점입니다.
- 국내 클라우드 환경에서는 NHN클라우드, 네이버클라우드, KT클라우드가 대표적입니다.
- NHN클라우드는 게임, 커머스, 공공 부문을 중심으로 한 산업 특화 클라우드 서비스를 제공합니다.
- 네이버클라우드는 AI 플랫폼, 검색 기반 API, 음성/자연어 처리 기술이 풍부하게 제공됩니다.
- KT클라우드는 통신망과 연계된 인프라에서 강점을 가지고 있습니다.
- 클라우드 선택 시 기술 적합성, 비용 구조, 지역성과 법적 요구사항, 지원 체계 등을 고려해야 합니다.
- 멀티 클라우드는 둘 이상의 클라우드 서비스를 동시에 사용하는 전략입니다.
- 하이브리드 클라우드는 퍼블릭 클라우드와 온프레미스를 함께 사용하는 방식입니다.

부록A.
기술용어팁

A

API (Application Programming Interface) 애플리케이션 프로그래밍 인터페이스는 서로 다른 소프트웨어 시스템이 통신하고 상호 작용할 수 있도록 정의된 규칙 및 프로토콜 세트입니다. 예를 들어, 한 애플리케이션이 다른 애플리케이션의 특정 기능을 호출하거나 데이터를 요청할 때 사용되는 '규칙'이나 '매뉴얼'과 같습니다. 클라우드 환경에서는 다양한 클라우드 서비스를 프로그래밍 방식으로 제어하고 통합하는 데 API가 필수적으로 사용됩니다.

Auto Scaling (자동 확장) 시스템의 트래픽 변화나 부하 증가에 따라 서버나 컨테이너와 같은 IT 자원의 수를 자동으로 늘리거나 줄이는 기능입니다. 예를 들어, 온라인 쇼핑몰에 접속자가 폭주할 때 자동으로 서버를 증설하고, 접속자가 줄어들면 다시 서버를 축소하여 비용을 절감하고 서비스 안정성을 유지할 수 있습니다.

Azure Active Directory (AAD) Microsoft Azure에서 제공하는 클라우드 기반의 ID 및 접근 관리 서비스입니다. 사용자 및 그룹의 ID를 관리하고, 다양한 애플리케이션 및 서비스에 대한 싱글 사인온(SSO) 및 접근 제어를 제공하여 기업의 보안과 효율성을 높입니다. 온프레미스 Active Directory와 연동하여 하이브리드 환경에서도 일관된 ID 관리가 가능합니다.

Azure Blob Storage Microsoft Azure에서 제공하는 객체 스토리지 서비스입니다. 비정형 데이터를 대규모로 저장하고 관리하는 데 최적화되어 있으며, 이미지, 비디오, 백업 파일, 아카이브 데이터 등 다양한 종류의 데이터를 저장할 수 있습니다. AWS의 S3, Google Cloud Storage와 유사한 서비스입니다.

Azure Functions Microsoft Azure에서 제공하는 서버리스 컴퓨팅 서비스입니다. 개발자가 서버를 직접 관리할 필요 없이 코드(함수)만 작성하면, 특정 이벤트(예: HTTP 요청, 데이터베이스 변경, 파일 업로드)에 반응하여 코드가 자동으로 실행됩니다. 실행된 시간과 사용된 리소스에 대해서만 비용을 지불하는 방식입니다.

Azure Monitor + Log Analytics Microsoft Azure에서 제공하는 모니터링 및 로깅 서비스입니다. Azure 리소스에서 발생하는 성능 메트릭, 애플리케이션 로그, 인프라 이벤트를 수집, 분석, 시각화하여 시스템의 상태를 파악하고 문제를 진단하는 데 도움을 줍니다. CloudWatch, Operations Suite와 유사한 기능을 제공합니다.

Azure SQL Database Microsoft Azure에서 제공하는 관계형 데이터베이스 서비스입니다. SQL Server를 클라우드에서 관리형 서비스 형태로 제공하며, 데이터베이스의 설치, 패치, 백업 등을 Azure가 대신 처리해줍니다.

B

Bare-metal (베어메탈) 물리 서버 위에 하이퍼바이저를 직접 설치하고 그 위에서 가상 머신들을 실행시키는 방식입니다. 운영체제 없이 하이퍼바이저가 하드웨어를 직접 제어하므로, 성능과 안정성 면에서 뛰어나 대형 데이터 센터나 기업용 서버 환경에서 주로 사용됩니다.

Bicep (바이셉) Microsoft Azure 전용의 IaC(Infrastructure as Code) 도구입니다. 기존 Azure의 ARM 템플릿보다 간결하고 사람 친화적인 문법을 제공하여 복잡한 인프라 구성을 쉽게 정의할 수 있도록 돕습니다. Azure 환경에 최적화된 인프라 배포 및 관리를 가능하게 합니다.

Block Storage (블록 스토리지) 데이터를 고정된 크기의 '블록' 단위로 나누어 저장하는 스토리지 방식입니다. 운영체제는 이 스토리지를 마치 물리적인 하드디스크처럼 인식하며, 파일 시스템을 설치하거나 데이터베이스, 가상 머신의 운영체제 저장 공간으로 사용됩니다. 읽기/쓰기 속도가 빠르고 정교한 제어가 가능하여 고성능이 필요한 애플리케이션에 적합합니다.

C

CapEx (Capital Expenditure, 자본 지출) IT 자원을 도입할 때 장비를 미리 구매하고 설치하며, 이를 몇 년 동안 감가상각하며 사용하는 전통적인 비용 지출 방식입니다. 초기 투자 비용이 크고, 한 번 구매하면 쉽게 변경하기 어려워 유연성이 떨어집니다.

CIDR (Classless Inter-Domain Routing, 사이더) IP 주소의 네트워크 부분을 간결하게 표현하기 위한 표기법입니다. IP 주소를 이진수로 바꿨을 때, 왼쪽부터 1이 몇 비트 연속으로 나타나는지를 /숫자 형태로 표현합니다. 예를 들어 255.255.255.0은 /24로 표현됩니다.

CI/CD (Continuous Integration/Continuous Deployment) 지속적 통합(Continuous Integration)과 지속적 배포(Continuous Deployment)를 의미하는 개발 방법론입니다. 코드 변경 사항이 자주 통합되고 자동으로 테스트되며, 문제가 없을 경우 자동으로 배포까지 이어지는 과정을 의미합니다. 컨테이너 기술은 CI/CD 환경에서 빠른 빌드와 배포를 가능하게 하는 핵심 요소입니다.

Cloud Functions Google Cloud Platform(GCP)에서 제공하는 서버리스 컴퓨팅 서비스입니다. 특정 이벤트에 반응하여 코드를 실행하며, 사용자가 서버 인프라를 관리할 필요 없이 함수 단위로 애플리케이션을 구성할 수 있습니다.

Cloud SQL Google Cloud Platform(GCP)에서 제공하는 관계형 데이터베이스 서비스입니다. MySQL, PostgreSQL, SQL Server와 같은 인기 있는 관계형 데이터베이스를 관리형 서비스 형태로 제공합니다.

Cloud Storage Google Cloud Platform(GCP)에서 제공하는 객체 스토리지 서비스입니다. 대규모 비정형 데이터를 저장하는 데 사용되며, 높은 확장성과 내구성을 제공합니다. AWS S3, Azure Blob Storage와 유사한 서비스입니다.

CloudWatch Amazon Web Services(AWS)에서 제공하는 모니터링 및 로깅 서비스입니다. AWS 리소스 및 애플리케이션에서 메트릭을 수집하고, 로그를 모니터링하며, 경고를 설정하여 시스템의 상태를 파악하고 문제를 진단하는 데 사용됩니다.

Cognito Amazon Web Services(AWS)에서 제공하는 사용자 인증 및 권한 부여 서비스입니다. 웹 및 모바일 애플리케이션의 사용자 등록, 로그인, 액세스 제어를 간편하게 구현할 수 있도록 돕습니다.

Compute Engine Google Cloud Platform(GCP)에서 제공하는 가상 머신(VM) 서비스입니다. 사용자가 가상 머신 인스턴스를 생성하고 관리하여 애플리케이션을 실행할 수 있습니다.

Container (컨테이너) 애플리케이션과 그 애플리케이션을 실행하는 데 필요한 모든 요소(코드, 라이브러리, 설정 파일, 실행 환경)를 한데 묶은 독립적인 실행 단위입니다. 가상 머신과 달리 운영체제 커널을 공유하므로 훨씬 가볍고 빠르게 실행되며, 어디서나 동일하게 동작하는 이식성을 제공합니다.

Container Orchestration (컨테이너 오케스트레이션) 수십, 수백 개에 달하는 컨테이너의 배포, 관리, 스케일링, 복구 등을 자동화하는 기술입니다. 컨테이너가 많아질수록 수동 관리가 어려워지기 때문에, 컨테이너 오케스트레이션 도구(예: Kubernetes)를 사용하여 효율적인 운영을 가능하게 합니다.

Cosmos DB Microsoft Azure에서 제공하는 NoSQL 데이터베이스 서비스입니다. 다양한 데이터 모델(문서, 그래프, 키-값 등)을 지원하며, 글로벌 분산 및 고가용성을 특징으로 합니다.

CSAP (Cloud Security Assurance Program) 한국인터넷진흥원(KISA)에서 주관하는 클라우드 보안 인증 제도입니다. 공공기관이 클라우드 서비스를 도입할 때 보안 안정성을 보장하기 위한 기준으로, 국내 클라우드 서비스가 이 인증을 획득하여 공공 부문에 서비스를 제공할 수 있습니다.

Customer-Managed Key (고객 관리 키) 클라우드 서비스에서 데이터를 암호화할 때 사용자가 직접 생성하고 관리하는 암호화 키를 의미합니다. 클라우드 제공자가 제공하는 기본 암호화 키 대신, 사용자가 직접 보안 요구 사항에 맞춰 키를 통제할 수 있습니다.

D

DDoS (Distributed Denial of Service) 분산 서비스 거부 공격을 의미합니다. 여러 대의 컴퓨터를 이용하여 특정 서버나 네트워크에 대량의 트래픽을 집중시켜 시스템의 정상적인 서비스를 방해하는 공격입니다.

DevOps (개발과 운영의 합성어) 소프트웨어 개발(Development)과 정보기술 운영(Operations)의 합성어로, 소프트웨어 개발자와 IT 운영 전문가 간의 협업 및 소통을 강조하는 문화와 방법론입니다. 개발과 배포, 운영의 효율성을 높여 서비스 출시 및 개선 속도를 빠르게 하는 것을 목표로 합니다.

Direct Connection (클라우드 전용선) 기업의 온프레미스 네트워크와 클라우드 서비스 제공자의 데이터센터를 물리적인 전용 회선으로 직접 연결하는 방식입니다. 일반 인터넷을 거치지 않아 빠르고 안정적이며 보안 수준이 높아 대규모 데이터 전송이나 실시간 연동이 필요한 환경에 적합합니다.

Disaster Recovery (재해 복구, DR) 예상치 못한 재해(예: 자연재해, 대규모 시스템 오류, 랜섬웨어 공격)가 발생하더라도 서비스와 데이터를 보호하고 빠르게 복구할 수 있도록 미리 계획하고 준비하는 과정입니다. 지역 중복, 백업 정책 수립, 복구 테스트 등이 포함됩니다.

Distributed Tracing (분산 추적) 분산된 마이크로서비스 환경에서 사용자 요청이 여러 서비스와 시스템을 거쳐 처리될 때, 그 전체 흐름을 추적하여 오류 발생 지점이나 성능 병목을 파악하는 기술입니다. 시스템의 복잡도가 높아질수록 문제 진단에 필수적입니다.

DNS (Domain Name System) 인터넷에서 사람이 읽을 수 있는 도메인 이름(예: www.example.com)을 컴퓨터가 이해하는 IP 주소(예: 203.0.113.10)로 변환해주는 시스템입니다. 인터넷의 '전화번호부'와 같은 역할을 합니다.

Docker (도커) 컨테이너 기술을 대중화시킨 오픈소스 플랫폼입니다. 복잡한 컨테이너 관련 기술들을 추상화하여 사용자가 손쉽게 컨테이너 이미지를 만들고(Dockerfile), 실행하며(docker run), 관리할 수 있도록 돕습니다.

DynamoDB Amazon Web Services(AWS)에서 제공하는 NoSQL 데이터베이스 서비스입니다. 키-값 및 문서 데이터 모델을 지원하며, 빠른 성능과 높은 확장성을 특징으로 합니다.

E

EBS (Elastic Block Store) Amazon Web Services(AWS)에서 제공하는 블록 스토리지 서비스입니다. EC2 인스턴스(가상 머신)에 연결하여 운영체제, 애플리케이션, 데이터베이스 저장 공간 등으로 사용됩니다.

EC2 (Elastic Compute Cloud) Amazon Web Services(AWS)에서 제공하는 가상 머신(VM) 서비스입니다. 사용자가 필요에 따라 가상 머신 인스턴스를 생성하고 관리하여 다양한 애플리케이션을 실행할 수 있습니다.

ECS (Elastic Container Service) / EKS (Elastic Kubernetes Service) Amazon Web Services(AWS)에서 제공하는 컨테이너 관리 서비스입니다. ECS는 AWS 자체 컨테이너 오케스트레이션 서비스이며, EKS는 AWS에서 관리하는 Kubernetes 서비스로, 사용자가 컨테이너 애플리케이션을 쉽게 배포, 관리, 확장할 수 있도록 돕습니다.

Edge Cloud (엣지 클라우드) 중앙 클라우드 데이터센터에서 멀리 떨어진 사용자 또는 장치와 가까운 물리적 위치에 컴퓨팅 자원을 배치하는 클라우드 분산 모델입니다. 데이터 처리 지연 시간을 줄이고 대역폭 사용을 최적화하여 IoT, 실시간 처리, 자율주행 등 지연에 민감한 서비스에 적합합니다.

EFS (Elastic File System) Amazon Web Services(AWS)에서 제공하는 파일 스토리지 서비스입니다. 여러 EC2 인스턴스에서 동시에 접근할 수 있는 공유 파일 시스템을 제공하며, 협업 환경이나 웹 서버의 공통 리소스 저장 등에 사용됩니다.

Elasticity (탄력성) 시스템의 수요 변화에 따라 IT 자원(예: 서버, 컨테이너)을 자동으로 늘리거나 줄일 수 있는 능력입니다. 예를 들어, 트래픽이 몰릴 때 자동으로 서버 수를 늘리고, 한산할 때는 줄여서 비용을 절감하고 서비스 안정성을 유지할 수 있습니다. 이는 확장성과 비슷하지만, '자동화'라는 요소가 강조됩니다.

Encryption (암호화) 데이터를 특정 알고리즘을 사용하여 알아보지 못하게 변환하는 과정입니다. 권한이 없는 사람이 데이터를 읽거나 조작하는 것을 방지하여 보안성을 높이는 데 사용됩니다. 클라우드에서는 저장 데이터 및 전송 중인 데이터 모두 암호화할 수 있습니다.

Endpoint (엔드포인트) 네트워크 통신에서 특정 서비스나 리소스에 접근하기 위한 고정된 주소 또는 접점입니다. 사용자는 복잡한 내부 구조를 알 필요 없이 엔드포인트를 통해 서비스에 접근할 수 있습니다.

Event-driven Architecture (이벤트 기반 아키텍처) 시스템의 구성 요소들이 특정 '이벤트'가 발생했을 때만 반응하고 동작하도록 설계된 아키텍처입니다. 예를 들어, 파일 업로드, 사용자 클릭, 데이터베이스 변경 등이 이벤트가 될 수 있으며, 이 이벤트에 반응하여 특정 함수나 서비스가 실행됩니다. 서버리스 컴퓨팅에서 주로 사용됩니다.

F

FaaS (Function as a Service) 서비스형 함수를 의미하는 서버리스 컴퓨팅의 대표적인 형태입니다. 개발자는 애플리케이션의 특정 기능(함수)만을 코드로 작성하고 배포하며, 클라우드 플랫폼은 해당 함수가 필요할 때만 실행하고 사용량에 따라 비용을 청구합니다.

Failover (페일오버) 주 시스템에 장애가 발생했을 때, 자동으로 보조 시스템으로 전환되어 서비스를 계속 유지하는 기능입니다. 지리적 이중화와 함께 서비스의 고가용성을 확보하는 데 사용됩니다.

File Storage (파일 스토리지) 데이터를 '폴더-파일' 계층 구조로 저장하고 관리하는 스토리지 방식입니다. 네트워크를 통해 여러 사용자가 동시에 접근하여 파일을 읽고 쓰고 수정할 수 있어, 협업 문서 저장이나 여러 서버 간의 공통 파일 공유에 적합합니다.

Filestore Google Cloud Platform(GCP)에서 제공하는 파일 스토리지 서비스입니다. Google Cloud의 Compute Engine 및 Kubernetes Engine 인스턴스에 공유 파일 시스템을 제공합니다.

Firestore / Datastore Google Cloud Platform(GCP)에서 제공하는 NoSQL 데이터베이스 서비스입니다. Firestore는 실시간 동기화 기능을 제공하며 모바일 및 웹 애플리케이션 개발에 적합하고, Datastore는 확장성이 뛰어난 문서 데이터베이스입니다.

Firewall (방화벽) 네트워크 보안 장치로, 미리 정해진 규칙에 따라 네트워크 트래픽을 허용하거나 차단하여 시스템을 보호하는 역할을 합니다. 외부에서 원치 않는 접근을 막고, 내부 네트워크를 안전하게 유지하는 데 사용됩니다.

Fault Tolerance (내결함성) 시스템의 일부 구성 요소에 문제가 발생하더라도 전체 서비스가 중단되지 않고 정상적으로 동작을 계속할 수 있는 능력입니다. 장애 발생 시 다른 자원이 그 역할을 대신하여 사용자에게 서비스 중단 없이 제공하는 구조를 의미합니다.

G

Gateway (게이트웨이) 서로 다른 네트워크 간에 데이터를 주고받을 수 있도록 연결해주는 장치나 노드입니다. 한 네트워크 안의 장치가 다른 네트워크(예: 인터넷)와 통신하려면 반드시 게이트웨이를 통해야 합니다. 네트워크의 '출입문' 역할을 합니다.

Geo-redundancy (지리적 이중화) 시스템이나 데이터를 지리적으로 떨어진 여러 지역(리전)에 복제하여 저장하고 운영하는 전략입니다. 한 지역에 대규모 재해나 장애가 발생하더라도 다른 지역에서 서비스를 이어받아 지속성을 확보할 수 있습니다.

GKE (Google Kubernetes Engine) Google Cloud Platform(GCP)에서 제공하는 관리형 Kubernetes 서비스입니다. 사용자가 Kubernetes 클러스터를 쉽게 배포, 관리, 확장할 수 있도록 돕습니다.

GUI (Graphical User Interface) 그래픽 사용자 인터페이스는 사용자가 마우스나 터치 등의 그래픽 요소를 통해 컴퓨터와 상호 작용할 수 있도록 돕는 인터페이스입니다. 아이콘, 창, 메뉴 등의 시각적 요소로 구성되어 직관적인 사용이 가능합니다.

H

HA (High Availability, 고가용성) 시스템이 가능한 한 '오래' 그리고 '끊김 없이' 작동하는 것을 의미합니다. 서비스 중단을 최소화하기 위해 시스템 구성 요소를 이중화하고, 장애 발생 시 자동으로 전환되는 등 다양한 기술적, 운영적 준비를 포함합니다.

HCL (HashiCorp Configuration Language) 테라폼(Terraform)에서 인프라를 코드로 정의하는 데 사용되는 고유한 문법입니다. 읽기 쉽고 직관적인 구조를 가지고 있어 인프라 구성을 명확하게 표현할 수 있습니다.

Health Check (헬스 체크) 시스템 또는 서비스의 상태를 주기적으로 확인하여 정상 작동 여부를 감지하는 기능입니다. 서버가 응답하지 않거나 비정상적인 반응을 보이면 자동으로 감지하여 경고하거나, 로드 밸런서에서 해당 서버를 트래픽 분배 대상에서 제외하는 등의 자동 조치를 취할 수 있습니다.

Hybrid Cloud (하이브리드 클라우드) 퍼블릭 클라우드(AWS, Azure 등)와 온프레미스(자체 데이터센터)를 함께 사용하는 클라우드 전략입니다. 민감한 데이터는 온프레미스에 보관하고, 유연성이 필요한 서비스는 퍼블릭 클라우드에 배포하는 등 두 환경의 장점을 결합하여 활용합니다.

Hypervisor (하이퍼바이저) 가상화 기술의 핵심 소프트웨어로, 하나의 물리적인 컴퓨터(호스트) 위에 여러 개의 가상 머신(게스트)을 생성하고 관리하는 역할을 합니다. 가상 머신이 실제 하드웨어 자원을 사용할 수 있도록 중개하고, 각 가상 머신을 서로 격리합니다.

I

IaaS (Infrastructure as a Service, 인프라형 서비스) 클라우드 서비스 모델 중 가장 기본적인 형태로, 클라우드 제공자가 가상 머신(VM), 스토리지, 네트워크, 방화벽 등 기본적인 인프라 자원만을 제공합니다. 사용자는 운영체제 설치부터 애플리케이션 배포 및 관리까지 직접 담당하며, 높은 자유도를 가집니다.

IAM (Identity and Access Management) 클라우드 환경에서 사용자(사람 또는 시스템)의 신원(Identity)을 관리하고, 해당 사용자에게 어떤 리소스에 대한 접근 권한(Access)을 부여할지 통제하는 시스템입니다. '누가', '무엇을', '어디까지 할 수 있도록 할지'를 철저히 관리하여 보안의 출발점이 됩니다.

IaC (Infrastructure as Code, 코드로서의 인프라) 서버, 네트워크, 보안 설정, 스토리지 등 IT 인프라 구성을 사람이 수동으로 설정하는 대신, 코드로 작성하여 자동화하고 관리하는 방식입니다. 코드를 통해 인프라를 정의하고, 버전 관리하며, 반복적으로 배포함으로써 일관성과 재현성을 확보할 수 있습니다.

IDC (Internet Data Center) 인터넷 데이터 센터는 서버, 네트워크 장비, 스토리지 시스템 등 IT 인프라를 안정적으로 운영하기 위한 전문 시설입니다. 전력, 냉각, 물리 보안, 네트워크 연결 등을 제공하며, 클라우드 제공자들이 대규모 IDC를 기반으로 서비스를 운영합니다.

Image (이미지) 컨테이너나 가상 머신을 생성하기 위한 '실행 가능한 설계도' 또는 '템플릿'입니다. 애플리케이션 코드, 런타임, 라이브러리, 환경 변수 등 실행 환경에 필요한 모든 요소가 포함되어 있으며, 이 이미지를 통해 동일한 컨테이너나 가상 머신 인스턴스를 여러 개 만들 수 있습니다.

Instance (인스턴스) 클라우드 환경에서 가상 머신(VM)이나 컨테이너 등 특정 서비스를 위해 생성된 실행 단위 또는 가상 리소스를 의미합니다. 예를 들어 AWS EC2 인스턴스는 하나의 가상 머신을 의미합니다.

IP Address (인터넷 프로토콜 주소) 인터넷 상에서 컴퓨터나 다른 네트워크 장치를 식별하는 고유한 숫자 주소입니다. 이 주소를 통해 장치들은 서로를 찾아가고 데이터를 주고받을 수 있습니다.

I/O Request (입출력 작업 수) 스토리지에 데이터를 읽거나 쓰는 작업의 횟수를 의미합니다. 클라우드 스토리지 요금은 저장 용량 외에 이러한 입출력 작업 수에 따라서도 부과될 수 있습니다.

ISMS-P (Information Security Management System - Personal Information) 정보보호 및 개인정보보호 관리체계 인증으로, 과학기술정보통신부와 개인정보보호위원회에서 운영하는 국내 최고 수준의 정보보호 인증 제도입니다. 기업이 정보보호 및 개인정보보호 관리체계를 수립, 운영하는 데 필요한 일련의 요구사항을 충족하는지 평가합니다.

IPv4 (Internet Protocol version 4) 현재 가장 널리 사용되는 IP 주소 체계로, 32비트 주소를 사용합니다. 네 개의 옥텟(8비트 덩어리)을 점으로 구분하여 표기합니다 (예: 192.168.1.1). 주소 고갈 문제로 인해 IPv6로의 전환이 진행 중입니다.

IPv6 (Internet Protocol version 6) IPv4의 주소 고갈 문제를 해결하기 위해 개발된 새로운 IP 주소 체계로, 128비트 주소를 사용합니다. 훨씬 더 많은 주소를 제공하며, 2001:0db8:85a3:0000:0000:8a2e:0370:7334와 같은 형태로 표기됩니다.

K

Key Rotation (키 회전) 암호화 키, 비밀번호, API 키와 같은 민감 정보를 주기적으로 변경하여 보안을 강화하는 프로세스입니다. 만약 키가 유출되더라도, 변경 주기가 짧으면 공격자가 사용할 수 있는 시간이 제한되어 피해를 최소화할 수 있습니다.

Key Vault Microsoft Azure에서 제공하는 비밀 관리 서비스입니다. 암호화 키, 비밀, 인증서 등을 안전하게 저장하고 관리할 수 있도록 돕습니다.

KVM (Kernel-based Virtual Machine) Linux 커널에 통합된 오픈소스 하이퍼바이저입니다. Type 1(베어메탈) 하이퍼바이저에 해당하며, Linux 시스템을 가상화하여 여러 가상 머신을 효율적으로 실행할 수 있도록 합니다.

Kubernetes (쿠버네티스) 컨테이너 오케스트레이션 플랫폼 중 사실상 표준으로 자리 잡은 오픈소스 도구입니다. 컨테이너화된 애플리케이션의 배포, 스케일링, 관리 및 자동 복구 등을 자동화하여 대규모 컨테이너 환경을 효율적으로 운영할 수 있도록 돕습니다.

L

Lambda (람다) Amazon Web Services(AWS)에서 제공하는 서버리스 컴퓨팅 서비스입니다. 사용자가 코드를 업로드하면, AWS가 해당 코드를 자동으로 실행하고 관리하며, 사용량에 따라 비용을 청구합니다.

Latency (지연 시간) 데이터 요청이 시작된 시점부터 응답이 도착할 때까지 걸리는 시간을 의미합니다. 네트워크 통신이나 데이터베이스 접근 등에서 지연 시간이 짧을수록 성능이 좋다고 평가됩니다.

Lifecycle Management (스토리지 수명주기 관리) 클라우드 스토리지에 저장된 데이터의 중요도나 접근 빈도에 따라 자동으로 다른 스토리지 계층으로 이동시키거나, 일정 기간이 지나면 삭제되도록 규칙을 정하여 관리하는 기능입니다. 비용 최적화 및 데이터 거버넌스에 사용됩니다.

Load Balancer (로드 밸런서) 네트워크 트래픽이나 사용자 요청을 여러 대의 서버나 리소스에 '균형 있게' 분산시켜주는 장치입니다. 이를 통해 특정 서버에 부하가 집중되는 것을 방지하고, 서비스의 안정성과 가용성을 높입니다.

Log Analytics Microsoft Azure에서 제공하는 서비스로, 다양한 Azure 리소스 및 온프레미스 소스에서 수집된 로그 데이터를 저장, 쿼리, 분석할 수 있도록 돕습니다.

M

Managed Disks Microsoft Azure에서 제공하는 블록 스토리지 서비스입니다. Azure 가상 머신에 연결되는 가상 디스크로, Azure가 디스크의 스토리지 계정과 가용성을 관리하여 사용자의 운영 부담을 줄여줍니다.

Master-Slave / Read-Replica (마스터-슬레이브 / 리드-레플리카) 데이터베이스의 고가용성 및 성능 향상을 위한 아키텍처 패턴입니다. 마스터(또는 주) 데이터베이스는 쓰기 작업을 처리하고, 슬레이브(또는 복제본/읽기 전용) 데이터베이스는 마스터의 데이터를 복제하여 읽기 작업을 분산하거나, 주 DB 장애 시 대기 상태였다가 역할을 이어받습니다.

Measured Service (측정 가능한 서비스) 클라우드 컴퓨팅의 다섯 가지 핵심 특성 중 하나로, 사용한 만큼의 IT 자원(예: CPU 시간, 저장 용량, 데이터 전송량)이 명확하게 기록되고, 그에 따라 요금이 부과되는 투명한 과금 구조를 의미합니다.

MFA (Multi-Factor Authentication, 다단계 인증) 사용자 인증 시 두 가지 이상의 독립적인

인증 요소(예: 비밀번호, 휴대폰 인증, 생체 인식)를 요구하여 보안을 강화하는 방법입니다. 비밀번호만으로는 부족한 보안을 보완하기 위해 사용됩니다.

Microservices Architecture (마이크로서비스 아키텍처) 하나의 대규모 애플리케이션을 여러 개의 작고 독립적인 서비스로 분리하여 개발하고 배포하는 소프트웨어 아키텍처 스타일입니다. 각 서비스는 독립적으로 개발, 배포, 확장될 수 있어 유연성과 확장성이 높습니다. 컨테이너 기술과 함께 자주 사용됩니다.

Microsoft Hyper-V Microsoft에서 제공하는 가상화 기술입니다. Windows Server에 내장된 Type 1(베어메탈) 하이퍼바이저 형태로 기업용 서버 가상화에 사용되며, Windows 10/11 Pro 이상에서는 Type 2(클라이언트) 하이퍼바이저 형태로도 사용할 수 있습니다.

Microsoft 365 Microsoft에서 제공하는 클라우드 기반 생산성 도구 및 서비스 모음입니다. Word, Excel, PowerPoint 등 오피스 애플리케이션과 Outlook, Teams, SharePoint와 같은 협업 도구를 SaaS 형태로 제공합니다.

Monitoring (모니터링) 시스템, 애플리케이션, 인프라의 성능 지표(CPU 사용률, 메모리, 네트워크 트래픽 등)와 상태를 실시간으로 지속적으로 수집, 분석, 시각화하여 이상 징후를 감지하고 문제를 진단하는 활동입니다.

Multi-Cloud (멀티 클라우드) 둘 이상의 클라우드 서비스 제공자(예: AWS와 Azure)를 동시에 사용하는 클라우드 전략입니다. 특정 벤더에 대한 종속성을 줄이고, 각 클라우드의 장점을 활용하며, 리스크를 분산하는 목적으로 사용됩니다.

MySQL 널리 사용되는 오픈소스 관계형 데이터베이스 관리 시스템(RDBMS)입니다.

N

NAS (Network Attached Storage) 네트워크에 직접 연결되어 여러 사용자나 장치에서 파일을 공유하고 저장할 수 있는 스토리지 장치입니다. 클라우드 환경에서는 파일 스토리지 서비스가 NAS와 유사한 기능을 제공합니다.

NAT (Network Address Translation)   네트워크 주소 변환은 사설 IP 주소를 가진 장치가 인터넷(공인 IP)과 통신할 수 있도록 IP 주소를 변환해주는 기술입니다. 내부 네트워크의 여러 장치가 하나의 공인 IP를 공유하여 인터넷에 접근할 수 있게 합니다.

NFS (Network File System)   유닉스/리눅스 기반 시스템에서 네트워크를 통해 파일을 공유할 수 있도록 하는 분산 파일 시스템 프로토콜입니다.

NoSQL (Not only SQL)   관계형 데이터베이스 모델 외의 다른 데이터 모델(예: 문서, 키-값, 그래프, 컬럼 등)을 사용하는 데이터베이스를 총칭합니다. 대규모 비정형 데이터 처리, 유연한 스키마, 높은 확장성 및 가용성이 필요한 경우에 사용됩니다.

O

Object Storage (객체 스토리지)   데이터를 '객체(Object)'라는 단위로 저장하는 스토리지 방식입니다. 각 객체는 데이터 자체와 해당 데이터에 대한 메타데이터(크기, 생성일, 권한 등) 및 고유 식별자로 구성됩니다. 대용량 비정형 데이터(이미지, 동영상, 로그, 백업) 저장에 적합하며, 무한에 가까운 확장성을 제공합니다.

On-demand self-service (온디맨드 셀프서비스)   클라우드 컴퓨팅의 다섯 가지 핵심 특성 중 하나로, 사용자가 클라우드 제공자의 도움 없이도 원하는 시점에 필요한 IT 자원을 직접 프로비저닝(생성)하고 해제할 수 있는 기능을 의미합니다.

On-premises (온프레미스)   필요한 서버, 저장장치, 네트워크 장비 등을 기업이 직접 구매하고 소유하며, 자체 데이터센터나 사무실 내에 설치하고 관리하는 전통적인 IT 인프라 운영 방식입니다.

OpEx (Operational Expenditure, 운영 지출)   IT 자원을 소유하지 않고 필요할 때 빌려 쓰

며, 사용한 만큼만 비용을 지불하는 방식의 운영 비용입니다. 클라우드 서비스 이용이 대표적인 OpEx 사례로, 초기 투자 부담이 적고 유연한 예산 관리가 가능합니다.

Operations Suite (Stackdriver)   Google Cloud Platform(GCP)에서 제공하는 통합 모니터링, 로깅, 추적 서비스의 총칭입니다. 과거 Stackdriver라는 이름으로 제공되었으며, 클라우드 리소스 및 애플리케이션의 성능과 상태를 관찰하고 문제를 진단하는 데 사용됩니다.

OTP (One-Time Password)   일회용 비밀번호로, 로그인 시마다 새로운 비밀번호가 생성되어 한 번만 사용할 수 있습니다. 다단계 인증(MFA)의 한 형태로, 보안을 강화하는 데 사용됩니다.

P

PaaS (Platform as a Service, 플랫폼형 서비스)   클라우드 서비스 모델 중 하나로, 클라우드 제공자가 서버, 네트워크뿐만 아니라 운영체제, 미들웨어, 데이터베이스, 런타임 환경까지를 함께 제공합니다. 사용자는 그 위에 애플리케이션 코드만 배포하면 되므로, 개발에만 집중할 수 있습니다.

Parameter (파라미터)   소프트웨어 개발이나 IaC(Infrastructure as Code)에서, 프로그램이나 스크립트가 실행될 때 외부에서 전달받는 값이나 변수를 의미합니다. 이를 통해 동일한 코드나 템플릿을 다양한 환경이나 조건에 맞게 유연하게 사용할 수 있습니다.

Persistent Disk   Google Cloud Platform(GCP)에서 제공하는 블록 스토리지 서비스입니다. Compute Engine 가상 머신에 연결하여 운영체제, 애플리케이션 데이터 등을 저장하는 데 사용됩니다.

Policy (정책)   IAM(Identity and Access Management)에서 특정 사용자나 역할이 클라우드 리소스에 대해 어떤 작업(허용/거부)을 수행할 수 있는지를 정의하는 규칙의 집합입니다. '권한 부여'의 핵심 요소입니다.

Portability (이식성) 소프트웨어나 애플리케이션이 다양한 운영 환경(예: 개발자의 노트북, 테스트 서버, 클라우드 환경)에서 수정 없이 동일하게 실행될 수 있는 특성을 의미합니다. 컨테이너 기술의 가장 큰 장점 중 하나입니다.

Private IP (사설 IP) 인터넷에 직접 노출되지 않고, 내부 네트워크(예: 가정, 회사, 클라우드 VPC) 안에서만 사용되는 IP 주소입니다. 특정 IP 대역이 사설 IP로 예약되어 있으며, 외부에 보이지 않아 보안상 이점이 있습니다.

Pub/Sub Google Cloud Platform(GCP)에서 제공하는 비동기 메시징 서비스입니다. 발행-구독(Publish-Subscribe) 모델을 사용하여 서비스 간의 통신을 돕고, 확장성 있는 분산 시스템을 구축하는 데 사용됩니다.

Public IP (공인 IP / 공개 IP) 인터넷 상에서 공식적으로 등록되어 전 세계 어디에서든 접근할 수 있는 고유한 IP 주소입니다. 웹 서버나 API 서버 등 외부에서 접근 가능한 서비스를 제공하려면 공인 IP가 필요합니다.

Q

QEMU 오픈소스 가상화 도구로, 하드웨어 가상화 및 에뮬레이션 기능을 모두 지원합니다. Type 2 하이퍼바이저로도 활용될 수 있습니다.

R

Rapid Elasticity (탄력성) (Elasticity와 동일)

RBAC (Role-Based Access Control, 역할 기반 접근 제어) 사용자에게 개별적으로 권한을 부여하는 대신, 특정 '역할'(예: 개발자, 운영자, 감사자)을 정의하고, 그 역할에 필요한 권한을 부여한 다음, 사용자에게 해당 역할을 할당하여 접근을 제어하는 방식입니다. 관리가 편리하고 체계적입니다.

RDS (Relational Database Service) Amazon Web Services(AWS)에서 제공하는 관계형 데이터베이스 서비스입니다. MySQL, PostgreSQL, Oracle, SQL Server 등 다양한 관계형 데이터베이스를 관리형 서비스 형태로 제공합니다.

Region (리전) 클라우드 서비스 제공자가 전 세계 여러 지리적 위치에 분산하여 운영하는 데이터센터의 집합체입니다. 각 리전은 독립적인 인프라를 갖추고 있어 지리적 이중화 및 서비스 안정성을 높이는 데 사용됩니다.

Registry (레지스트리) 도커(Docker) 컨테이너 이미지와 같은 소프트웨어 패키지를 저장하고 공유하기 위한 중앙 집중식 스토리지입니다. Docker Hub가 대표적인 퍼블릭 레지스트리입니다.

Resilience (회복력) 시스템이 장애나 예측 불가능한 상황에도 불구하고 정상적으로 작동하거나, 문제가 발생하더라도 빠르게 복구되어 서비스 연속성을 유지할 수 있는 능력입니다. 고가용성, 내결함성, 재해 복구 전략을 통해 회복력을 높일 수 있습니다.

Resource Pooling (자원 공유) 클라우드 컴퓨팅의 다섯 가지 핵심 특성 중 하나로, 클라우드 제공자가 보유한 대규모 IT 자원(CPU, 메모리, 스토리지 등)을 여러 사용자에게 동적으로 할당하고 공유하는 방식입니다. 사용자는 논리적으로는 독립된 자원을 사용하는 것처럼 느낍니다.

Router (라우터) 네트워크 장치로, 네트워크 간에 데이터를 주고받을 때 최적의 경로를 결정하고 데이터를 전달하는 역할을 합니다. 네트워크 상의 '길잡이'와 같습니다.

Routing (라우팅) 네트워크에서 데이터 패킷이 목적지까지 도달하는 경로를 결정하고, 해당 경로로 패킷을 전달하는 과정입니다. 라우팅 테이블(Routing Table)에 정의된 규칙에 따라 데이터의 흐름이 제어됩니다.

Round Robin (라운드 로빈) 로드 밸런싱 알고리즘 중 하나로, 사용자 요청을 여러 서버에 순서대로 고르게 분산하는 방식입니다.

RPO (Recovery Point Objective)　재해 복구 목표 중 하나로, 장애 발생 시 '얼마 전 시점' 까지의 데이터를 복구할 수 있어야 하는지를 정의하는 기준입니다. 예를 들어 RPO가 10분이라면, 최대 10분 분량의 데이터 손실만 허용한다는 의미입니다.

RTO (Recovery Time Objective)　재해 복구 목표 중 하나로, 장애 발생 이후 '얼마 안에' 서비스를 정상 상태로 복구해야 하는지를 정의하는 기준입니다. 예를 들어 RTO가 30분이라면, 서비스 중단 후 30분 이내에 복구를 완료해야 한다는 의미입니다.

S

S3 (Simple Storage Service)　Amazon Web Services(AWS)에서 제공하는 객체 스토리지 서비스입니다. 확장성이 뛰어나고 내구성이 높아 백업, 아카이빙, 정적 웹사이트 호스팅, 빅데이터 분석 등 다양한 용도로 사용됩니다.

SaaS (Software as a Service, 소프트웨어형 서비스)　클라우드 서비스 모델 중 하나로, 클라우드 제공자가 애플리케이션 자체를 서비스로 제공하며, 사용자는 별도의 설치나 설정 없이 웹 브라우저나 앱을 통해 바로 사용할 수 있습니다. Gmail, Zoom, Notion 등이 대표적인 예시입니다.

Scalability (확장성)　시스템의 처리 능력을 수요 변화에 따라 '수평적'(서버 수 증가) 또는 '수직적'(서버 성능 향상)으로 늘리거나 줄일 수 있는 능력입니다. 사용자 증가에 유연하게 대응하여 서비스 품질을 유지하는 데 중요합니다.

Secrets (비밀)　클라우드 환경에서 보안상 민감한 정보를 의미합니다. 비밀번호, API 키, 인증서, 토큰 등이 포함되며, 코드에 하드코딩하지 않고 별도의 비밀 관리 서비스를 통해 안전하게 저장하고 관리해야 합니다.

Secrets Manager　Amazon Web Services(AWS) 및 Google Cloud Platform(GCP)에서 제공

하는 비밀 관리 서비스입니다. 민감한 인증 정보(비밀번호, API 키 등)를 안전하게 저장하고 관리하며, 필요할 때만 접근할 수 있도록 돕습니다.

Security Group (보안 그룹) 클라우드 환경에서 가상 머신(VM)이나 다른 리소스에 대한 네트워크 트래픽의 인바운드(Inbound, 들어오는) 및 아웃바운드(Outbound, 나가는) 규칙을 제어하는 가상 방화벽입니다. 특정 포트나 IP 대역으로부터의 접근을 허용하거나 차단할 수 있습니다.

Self Healing (셀프 힐링) 시스템 구성 요소 중 일부에 장애가 발생했을 때, 사람의 개입 없이 시스템 스스로 문제를 감지하고 자동으로 복구하여 정상 상태로 돌아오는 기능입니다. 예를 들어 컨테이너가 중단되면 자동으로 새로운 컨테이너를 구동하는 것이 이에 해당합니다.

Serverless Computing (서버리스 컴퓨팅) 개발자가 서버 인프라를 직접 관리(프로비저닝, 확장, 패치 등)할 필요 없이 코드만 작성하여 배포하는 클라우드 실행 모델입니다. 서버가 없는 것이 아니라, 클라우드 제공자가 서버 관리를 전적으로 담당하므로 사용자는 서버를 '신경 쓰지 않아도 되는' 방식입니다. 사용한 만큼만 비용을 지불합니다.

SMB (Server Message Block) Windows 기반 시스템에서 네트워크를 통해 파일을 공유할 수 있도록 하는 파일 공유 프로토콜입니다.

Snapshot (스냅샷) 특정 시점의 시스템, 가상 머신, 또는 스토리지의 상태를 그대로 저장해 두는 기술입니다. 마치 사진을 찍듯이 현재의 모습을 기록하여, 나중에 문제가 발생했을 때 저장된 시점으로 시스템을 복원할 수 있도록 돕습니다.

SQS (Simple Queue Service) Amazon Web Services(AWS)에서 제공하는 메시지 큐 서비스입니다. 분산 시스템 간에 메시지를 안정적으로 주고받을 수 있도록 돕습니다.

Subnet (서브넷) 큰 IP 네트워크를 여러 개의 작은 논리적 네트워크로 분할한 것입니다. 이를 통해 네트워크를 효율적으로 관리하고, 보안 및 트래픽 제어를 세밀하게 할 수 있습니다.

SLA (Service Level Agreement)   서비스 수준 협약으로, 서비스 제공자와 고객 간에 서비스의 품질, 가용성, 성능 등에 대해 합의하는 문서입니다. 클라우드 서비스의 경우, 클라우드 제공자가 특정 서비스의 가동 시간(예: 99.9% 가용성)을 보장하는 수준을 명시합니다.

T

Terraform (테라폼)   HashiCorp에서 개발한 오픈소스 IaC(Infrastructure as Code) 도구입니다. AWS, Azure, GCP 등 다양한 클라우드 및 온프레미스 환경을 공통된 HCL(HashiCorp Configuration Language) 문법으로 정의하고 관리할 수 있는 멀티 클라우드 범용성이 가장 큰 특징입니다.

Type 1 Hypervisor   (Bare-metal 하이퍼바이저와 동일) 물리 서버 하드웨어 위에 직접 설치되는 하이퍼바이저입니다. OS를 거치지 않아 성능이 우수하고 안정적입니다. VMware ESXi, Microsoft Hyper-V (Server Core), KVM, Xen 등이 있습니다.

Type 2 Hypervisor   일반적인 운영체제(예: Windows, macOS, Linux) 위에 애플리케이션 형태로 설치되는 하이퍼바이저입니다. VirtualBox, VMware Workstation, Parallels Desktop 등이 이에 해당하며, 주로 개인 개발이나 학습 목적으로 사용됩니다.

U

Ubuntu (우분투)   데스크톱 및 서버용으로 널리 사용되는 리눅스 운영체제 배포판 중 하나입니다.

UPS (Uninterruptible Power Supply)   무정전 전원 장치로, 전력 공급이 중단되더라도 일정 시간 동안 서버나 중요 장비에 안정적으로 전원을 공급하여 시스템 다운을 방지하는 장치입니다.

V

vCPU (Virtual CPU) 가상 머신(VM)에서 사용하는 가상의 CPU 코어입니다. 물리적인 CPU 자원을 하이퍼바이저가 논리적으로 분할하여 각 가상 머신에 할당해주는 단위입니다.

VDI (Virtual Desktop Infrastructure) 가상 데스크톱 인프라는 사용자의 개인 컴퓨터 환경(데스크톱)을 가상 머신으로 만들어 중앙 서버에 두고, 사용자가 원격으로 접속하여 사용하는 방식입니다. 어디서든 동일한 작업 환경을 유지하고 보안 및 중앙 관리를 강화하는 데 사용됩니다.

Virtual Machines (가상 머신, VM) 하나의 물리적인 컴퓨터 위에 하이퍼바이저를 통해 생성된 독립적인 가상의 컴퓨터입니다. 각각의 VM은 자체 운영체제와 애플리케이션을 실행하며, 물리적인 하드웨어 자원(CPU, 메모리, 디스크 등)을 공유하지만 서로 격리되어 작동합니다.

Virtual Private Cloud (VPC) 클라우드 서비스 제공자의 물리적 인프라 내에 사용자가 논리적으로 격리된 자신만의 가상 네트워크 환경을 구성하는 서비스입니다. 사용자는 VPC 내에서 IP 주소 범위, 서브넷, 라우팅 테이블, 네트워크 게이트웨이 등을 직접 정의하고 제어할 수 있습니다.

Virtual Private Network (VPN) 공용 인터넷 망을 통해 가상의 암호화된 터널을 생성하여 사설 네트워크처럼 안전하게 데이터를 주고받을 수 있게 해주는 기술입니다. 원격 근무나 본사-지사 간 네트워크 연결, 클라우드 자원과의 보안 통신 등에 사용됩니다.

Virtualization (가상화) 하나의 물리적인 컴퓨터 자원(CPU, 메모리, 디스크 등)을 논리적으로 분할하여 마치 여러 대의 독립된 컴퓨터처럼 사용할 수 있게 해주는 기술입니다. 오늘날 클라우드 인프라의 핵심 기반 기술입니다.

VNet (Virtual Network) Microsoft Azure에서 제공하는 가상 네트워크 서비스입니다.

Azure 클라우드 내에 사용자가 자신만의 격리된 네트워크 환경을 구축하고, 서브넷, IP 주소, 보안 규칙 등을 정의할 수 있도록 합니다. VPC와 동일한 개념입니다.

VMware ESXi VMware에서 제공하는 Type 1(베어메탈) 하이퍼바이저입니다. 가상화된 서버 환경을 구축하는 데 널리 사용되는 상용 제품입니다.

VMware Workstation / Fusion VMware에서 제공하는 Type 2 하이퍼바이저 제품으로, 데스크톱 운영체제(Windows, macOS) 위에 가상 머신을 생성하고 실행할 수 있도록 돕습니다.

X

Xen 오픈소스 기반의 Type 1(베어메탈) 하이퍼바이저입니다. 보안과 성능이 뛰어나며, 일부 클라우드 서비스에서 기반 기술로 사용되기도 합니다.

ㄱ

가상 머신 (Virtual Machine, VM) 하나의 물리적인 컴퓨터 위에 하이퍼바이저를 통해 생성된 독립적인 가상의 컴퓨터입니다. 각각의 가상 머신은 자체 운영체제와 애플리케이션을 실행하며, 물리적인 하드웨어 자원(CPU, 메모리, 디스크 등)을 공유하지만 서로 격리되어 작동합니다.

가상화 (Virtualization) 하나의 물리적인 컴퓨터 자원(CPU, 메모리, 디스크 등)을 논리적으로 분할하여 마치 여러 대의 독립된 컴퓨터처럼 사용할 수 있게 해주는 기술입니다. 오늘날 클라우드 인프라의 핵심 기반 기술입니다.

게이트웨이 (Gateway) 서로 다른 네트워크 간에 데이터를 주고받을 수 있도록 연결해주는 장치나 노드입니다. 한 네트워크 안의 장치가 다른 네트워크(예: 인터넷)와 통신하려면 반드시 게이트웨이를 통해야 합니다. 네트워크의 '출입문' 역할을 합니다.

고가용성 (High Availability, HA) 시스템이 가능한 한 '오래' 그리고 '끊김 없이' 작동하는 것을 의미합니다. 서비스 중단을 최소화하기 위해 시스템 구성 요소를 이중화하고, 장애 발생 시 자동으로 전환되는 등 다양한 기술적, 운영적 준비를 포함합니다.

공유 책임 모델 (Shared Responsibility Model) 클라우드 환경에서 보안 책임이 클라우드 제공자와 사용자에게 분담된다는 개념입니다. 클라우드 제공자는 물리적 인프라 보안을 책임지고, 사용자는 그 위에 올라가는 운영체제, 애플리케이션, 데이터 및 설정(예: 네트워크 설정, 방화벽)에 대한 보안을 책임집니다.

공인 IP (Public IP / 공개 IP) 인터넷 상에서 공식적으로 등록되어 전 세계 어디에서든 접근할 수 있는 고유한 IP 주소입니다. 웹 서버나 API 서버 등 외부에서 접근 가능한 서비스를 제공하려면 공인 IP가 필요합니다.

관계형 데이터베이스 (Relational Database) 데이터를 테이블(행과 열로 구성된) 형태로 구조화하고, 테이블 간의 관계를 정의하여 데이터를 저장하고 관리하는 데이터베이스 유형입니다. SQL(Structured Query Language)을 사용하여 데이터를 조작합니다.

객체 스토리지 (Object Storage) 데이터를 '객체(Object)'라는 단위로 저장하는 스토리지 방식입니다. 각 객체는 데이터 자체와 해당 데이터에 대한 메타데이터(크기, 생성일, 권한 등) 및 고유 식별자로 구성됩니다. 대용량 비정형 데이터(이미지, 동영상, 로그, 백업) 저장에 적합하며, 무한에 가까운 확장성을 제공합니다.

ㄴ

내결함성 (Fault Tolerance) 시스템의 일부 구성 요소에 문제가 발생하더라도 전체 서비스가 중단되지 않고 정상적으로 동작을 계속할 수 있는 능력입니다. 장애 발생 시 다른 자원이 그 역할을 대신하여 사용자에게 서비스 중단 없이 제공하는 구조를 의미합니다.

네트워크 ACL (Network Access Control List) 클라우드 환경에서 서브넷(Subnet) 단위로 인바운드(Inbound) 및 아웃바운드(Outbound) 트래픽을 제어하는 방화벽 규칙의 집합입니다. 보안 그룹보다 더 광범위한 네트워크 트래픽 제어에 사용됩니다.

네트워크 백본 (Network Backbone) 대규모 네트워크의 핵심 부분으로, 고속의 데이터 전송을 담당하는 주요 통신 경로입니다. 여러 네트워크나 하위 네트워크를 연결하며, 전체 네트워크의 성능과 안정성에 중요한 역할을 합니다.

ㄷ

다단계 인증 (Multi-Factor Authentication, MFA) 사용자 인증 시 두 가지 이상의 독립적인 인증 요소(예: 비밀번호, 휴대폰 인증, 생체 인식)를 요구하여 보안을 강화하는 방법입니다. 비밀번호만으로는 부족한 보안을 보완하기 위해 사용됩니다.

데이터 거버넌스 (Data Governance) 조직의 데이터 자산을 효과적으로 관리하기 위한 정책, 프로세스, 역할 및 책임을 정의하는 체계입니다. 데이터의 품질, 보안, 접근성, 규정 준수 등을 보장하여 데이터의 가치를 극대화하고 위험을 최소화하는 것을 목표로 합니다.

데스크톱 가상화 (Desktop Virtualization) 사용자의 개인 컴퓨터 환경(데스크톱)을 가상 머신으로 만들어 중앙 서버에 두고, 사용자가 원격으로 접속하여 사용하는 방식입니다. 어디서든 동일한 작업 환경을 유지하고 보안 및 중앙 관리를 강화하는 데 사용됩니다.

도커 (Docker) 컨테이너 기술을 대중화시킨 오픈소스 플랫폼입니다. 복잡한 컨테이너 관련 기술들을 추상화하여 사용자가 손쉽게 컨테이너 이미지를 만들고(Dockerfile), 실행하며(docker run), 관리할 수 있도록 돕습니다.

디지털 전환 (Digital Transformation) 디지털 기술을 사용하여 비즈니스 프로세스, 문화 및 고객 경험을 근본적으로 변화시키는 과정입니다. 클라우드는 디지털 전환을 가능하게 하는 핵심적인 기반 기술입니다.

디스크 (Disk)   컴퓨터에서 데이터를 영구적으로 저장하는 장치입니다. 가상 머신에서는 실제 물리 디스크가 아닌, 호스트 머신에 파일 형태로 존재하는 가상 디스크를 사용합니다.

ㄹ

라우팅 (Routing)   네트워크에서 데이터 패킷이 목적지까지 도달하는 경로를 결정하고, 해당 경로로 패킷을 전달하는 과정입니다. 라우팅 테이블(Routing Table)에 정의된 규칙에 따라 데이터의 흐름이 제어됩니다.

라우팅 테이블 (Routing Table)   라우터가 데이터 패킷을 어디로 전달할지 결정하는 데 사용하는 규칙 목록입니다. 특정 IP 대역으로 가는 트래픽을 어떤 게이트웨이나 네트워크 인터페이스로 보낼지 지정하는 정보가 담겨 있습니다.

로그 (Log)   시스템, 애플리케이션, 또는 네트워크 장치에서 발생하는 이벤트나 활동에 대한 시간 순서의 기록입니다. 문제 진단, 보안 감사, 성능 분석 등에 활용됩니다.

로드 밸런서 (Load Balancer)   네트워크 트래픽이나 사용자 요청을 여러 대의 서버나 리소스에 '균형 있게' 분산시켜주는 장치입니다. 이를 통해 특정 서버에 부하가 집중되는 것을 방지하고, 서비스의 안정성과 가용성을 높입니다.

리전 (Region)   클라우드 서비스 제공자가 전 세계 여러 지리적 위치에 분산하여 운영하는 데이터센터의 집합체입니다. 각 리전은 독립적인 인프라를 갖추고 있어 지리적 이중화 및 서비스 안정성을 높이는 데 사용됩니다.

리프레시 토큰 (Refresh Token)   액세스 토큰(Access Token)이 만료되었을 때, 사용자가 다시 로그인할 필요 없이 새로운 액세스 토큰을 발급받기 위해 사용되는 장기 유효 토큰입니다. 보안과 편의성을 동시에 제공합니다.

ㅁ

마이크로서비스 아키텍처 (Microservices Architecture) 하나의 대규모 애플리케이션을 여러 개의 작고 독립적인 서비스로 분리하여 개발하고 배포하는 소프트웨어 아키텍처 스타일입니다. 각 서비스는 독립적으로 개발, 배포, 확장될 수 있어 유연성과 확장성이 높습니다. 컨테이너 기술과 함께 자주 사용됩니다.

멀티 클라우드 (Multi-Cloud) 둘 이상의 클라우드 서비스 제공자(예: AWS와 Azure)를 동시에 사용하는 클라우드 전략입니다. 특정 벤더에 대한 종속성을 줄이고, 각 클라우드의 장점을 활용하며, 리스크를 분산하는 목적으로 사용됩니다.

모니터링 (Monitoring) 시스템, 애플리케이션, 인프라의 성능 지표(CPU 사용률, 메모리, 네트워크 트래픽 등)와 상태를 실시간으로 지속적으로 수집, 분석, 시각화하여 이상 징후를 감지하고 문제를 진단하는 활동입니다.

문서화 (Documentation) 시스템, 소프트웨어, 프로세스 등에 대한 정보를 체계적으로 기록하는 작업입니다. IaC(Infrastructure as Code)를 통해 인프라 구성이 코드로 문서화되면, 변경 이력 추적 및 협업이 용이해집니다.

ㅂ

바이셉 (Bicep) Microsoft Azure 전용의 IaC(Infrastructure as Code) 도구입니다. 기존 Azure의 ARM 템플릿보다 간결하고 사람 친화적인 문법을 제공하여 복잡한 인프라 구성을 쉽게 정의할 수 있도록 돕습니다. Azure 환경에 최적화된 인프라 배포 및 관리를 가능하게 합니다.

방화벽 (Firewall) 네트워크 보안 장치로, 미리 정해진 규칙에 따라 네트워크 트래픽을 허용하거나 차단하여 시스템을 보호하는 역할을 합니다. 외부에서 원치 않는 접근을 막고, 내부 네트워크를 안전하게 유지하는 데 사용됩니다.

백업 (Backup) 시스템 장애나 데이터 손상에 대비하여 데이터를 복사하여 별도의 저장 공간에 보관하는 작업입니다. 재해 복구(DR) 전략의 가장 기본적인 구성 요소입니다.

백업 정책 (Backup Policy) 백업의 주기, 대상 데이터, 저장 위치, 보관 기간, 암호화 방식 등 백업 작업에 대한 구체적인 규칙과 절차를 정의한 것입니다.

베어메탈 (Bare-metal) (Bare-metal 하이퍼바이저와 동일) 물리 서버 위에 하이퍼바이저를 직접 설치하고 그 위에서 가상 머신들을 실행시키는 방식입니다. 운영체제 없이 하이퍼바이저가 하드웨어를 직접 제어하므로, 성능과 안정성 면에서 뛰어나 대형 데이터 센터나 기업용 서버 환경에서 주로 사용됩니다.

블록 스토리지 (Block Storage) 데이터를 고정된 크기의 '블록' 단위로 나누어 저장하는 스토리지 방식입니다. 운영체제는 이 스토리지를 마치 물리적인 하드디스크처럼 인식하며, 파일 시스템을 설치하거나 데이터베이스, 가상 머신의 운영체제 저장 공간으로 사용됩니다. 읽기/쓰기 속도가 빠르고 정교한 제어가 가능하여 고성능이 필요한 애플리케이션에 적합합니다.

비밀 (Secrets) 클라우드 환경에서 보안상 민감한 정보를 의미합니다. 비밀번호, API 키, 인증서, 토큰 등이 포함되며, 코드에 하드코딩하지 않고 별도의 비밀 관리 서비스를 통해 안전하게 저장하고 관리해야 합니다.

비용 구조 (Cost Structure) 특정 서비스나 인프라를 운영하는 데 드는 비용의 구성 방식입니다. 클라우드에서는 CapEx(자본 지출)에서 OpEx(운영 지출)로의 비용 구조 전환이 큰 특징입니다.

VPN (Virtual Private Network) 공용 인터넷 망을 통해 가상의 암호화된 터널을 생성하여 사설 네트워크처럼 안전하게 데이터를 주고받을 수 있게 해주는 기술입니다. 원격 근무나 본사-지사 간 네트워크 연결, 클라우드 자원과의 보안 통신 등에 사용됩니다.

ㅅ

사설 IP (Private IP) 인터넷에 직접 노출되지 않고, 내부 네트워크(예: 가정, 회사, 클라우드 VPC) 안에서만 사용되는 IP 주소입니다. 특정 IP 대역이 사설 IP로 예약되어 있으며, 외부에 보이지 않아 보안상 이점이 있습니다.

서버 가상화 (Server Virtualization) 하나의 물리 서버를 여러 개의 논리적인 서버처럼 나누어 쓰는 방식입니다. IT 인프라 관리의 유연성을 높이고, 장애 전파를 막으며, 장비 활용률을 높이는 데 사용됩니다. 클라우드의 가상 머신 인스턴스가 이에 해당합니다.

서버리스 컴퓨팅 (Serverless Computing) 개발자가 서버 인프라를 직접 관리(프로비저닝, 확장, 패치 등)할 필요 없이 코드만 작성하여 배포하는 클라우드 실행 모델입니다. 서버가 없는 것이 아니라, 클라우드 제공자가 서버 관리를 전적으로 담당하므로 사용자는 서버를 '신경 쓰지 않아도 되는' 방식입니다. 사용한 만큼만 비용을 지불합니다.

서비스 계정 (Service Account) 사람 사용자가 아닌, 애플리케이션이나 서비스가 클라우드 리소스에 접근하기 위해 사용하는 계정입니다. IAM을 통해 서비스 계정에 필요한 권한을 부여하고 관리합니다.

서비스 엔드포인트 (Service Endpoint) 네트워크 통신에서 특정 서비스나 리소스에 접근하기 위한 고정된 주소 또는 접점입니다. 사용자는 복잡한 내부 구조를 알 필요 없이 엔드포인트를 통해 서비스에 접근할 수 있습니다.

서브넷 (Subnet) 큰 IP 네트워크를 여러 개의 작은 논리적 네트워크로 분할한 것입니다. 이를 통해 네트워크를 효율적으로 관리하고, 보안 및 트래픽 제어를 세밀하게 할 수 있습니다.

서브넷 마스크 (Subnet Mask) IP 주소에서 네트워크 부분을 어디까지인지 알려주는 추가 정보입니다. IP 주소와 서브넷 마스크를 사용하여 네트워크 주소와 호스트 주소를 구분합니다.

선언형 (Declarative) IaC(Infrastructure as Code) 도구의 작동 방식 중 하나로, 사용자가 '어떤 상태로 만들고 싶은지'를 선언하면, 도구가 현재 상태를 파악하여 원하는 상태로 만들기 위해 필요한 작업을 자동으로 수행하는 방식입니다.

셀프 힐링 (Self Healing) 시스템 구성 요소 중 일부에 장애가 발생했을 때, 사람의 개입 없이 시스템 스스로 문제를 감지하고 자동으로 복구하여 정상 상태로 돌아오는 기능입니다. 예를 들어 컨테이너가 중단되면 자동으로 새로운 컨테이너를 구동하는 것이 이에 해당합니다.

소프트웨어형 서비스 (Software as a Service, SaaS) (SaaS와 동일)

스냅샷 (Snapshot) 특정 시점의 시스템, 가상 머신, 또는 스토리지의 상태를 그대로 저장해 두는 기술입니다. 마치 사진을 찍듯이 현재의 모습을 기록하여, 나중에 문제가 발생했을 때 저장된 시점으로 시스템을 복원할 수 있도록 돕습니다.

스토리지 (Storage) 컴퓨터에서 데이터를 저장하는 공간이나 장치를 통칭하는 말입니다. 클라우드에서는 객체 스토리지, 블록 스토리지, 파일 스토리지 등 다양한 형태로 제공됩니다.

스토리지 수명주기 관리 (Lifecycle Management) 클라우드 스토리지에 저장된 데이터의 중요도나 접근 빈도에 따라 자동으로 다른 스토리지 계층으로 이동시키거나, 일정 기간이 지나면 삭제되도록 규칙을 정하여 관리하는 기능입니다. 비용 최적화 및 데이터 거버넌스에 사용됩니다.

습득 곡선 (Learning Curve) 새로운 기술이나 지식을 습득하는 데 필요한 시간과 노력의 양을 의미합니다. 습득 곡선이 가파르다는 것은 배우기 어렵다는 뜻이고, 완만하다는 것은 비교적 배우기 쉽다는 뜻입니다.

실시간 동기화 (Real-time Synchronization) 데이터가 원본과 복제본 간에 거의 즉시 동일하게 유지되도록 하는 기술입니다. 데이터 손실을 최소화해야 하는 매우 낮은 RPO(복구 시점 목표) 요구사항을 충족하기 위해 사용됩니다.

o

아파치 메소스 (Apache Mesos) 분산 시스템을 위한 오픈소스 클러스터 관리자입니다. 컨테이너 오케스트레이션 도구 중 하나로, 초기 컨테이너 관리 환경에서 사용되었습니다.

액세스 토큰 (Access Token) 클라우드 환경에서 사용자 또는 시스템이 특정 리소스에 접근하기 위해 발급받는 짧은 유효 기간을 가진 디지털 인증 정보입니다. 권한 범위가 제한되어 있어 보안이 강화됩니다.

애자일 (Agile) 소프트웨어 개발 방법론 중 하나로, 변화에 대한 유연한 대응, 반복적인 개발 주기, 고객과의 긴밀한 협력을 강조합니다. 클라우드 환경은 애자일 개발 문화를 지원하는 데 적합합니다.

암호화 (Encryption) 데이터를 특정 알고리즘을 사용하여 알아보지 못하게 변환하는 과정입니다. 권한이 없는 사람이 데이터를 읽거나 조작하는 것을 방지하여 보안성을 높이는 데 사용됩니다. 클라우드에서는 저장 데이터 및 전송 중인 데이터 모두 암호화할 수 있습니다.

API (Application Programming Interface) 애플리케이션 프로그래밍 인터페이스는 서로 다른 소프트웨어 시스템이 통신하고 상호 작용할 수 있도록 정의된 규칙 및 프로토콜 세트입니다. 예를 들어, 한 애플리케이션이 다른 애플리케이션의 특정 기능을 호출하거나 데이터를 요청할 때 사용되는 '규칙'이나 '매뉴얼'과 같습니다. 클라우드 환경에서는 다양한 클라우드 서비스를 프로그래밍 방식으로 제어하고 통합하는 데 API가 필수적으로 사용됩니다.

온디맨드 셀프서비스 (On-demand self-service) 클라우드 컴퓨팅의 다섯 가지 핵심 특성 중 하나로, 사용자가 클라우드 제공자의 도움 없이도 원하는 시점에 필요한 IT 자원을 직접 프로비저닝(생성)하고 해제할 수 있는 기능을 의미합니다.

온프레미스 (On-premises)   필요한 서버, 저장장치, 네트워크 장비 등을 기업이 직접 구매하고 소유하며, 자체 데이터센터나 사무실 내에 설치하고 관리하는 전통적인 IT 인프라 운영 방식입니다.

운영 지출 (Operational Expenditure, OpEx)   IT 자원을 소유하지 않고 필요할 때 빌려 쓰며, 사용한 만큼만 비용을 지불하는 방식의 운영 비용입니다. 클라우드 서비스 이용이 대표적인 OpEx 사례로, 초기 투자 부담이 적고 유연한 예산 관리가 가능합니다.

역할 기반 접근 제어 (Role-Based Access Control, RBAC)   사용자에게 개별적으로 권한을 부여하는 대신, 특정 '역할'(예: 개발자, 운영자, 감사자)을 정의하고, 그 역할에 필요한 권한을 부여한 다음, 사용자에게 해당 역할을 할당하여 접근을 제어하는 방식입니다. 관리가 편리하고 체계적입니다.

이벤트 기반 아키텍처 (Event-driven Architecture)   시스템의 구성 요소들이 특정 '이벤트'가 발생했을 때 반응하고 동작하도록 설계된 아키텍처입니다. 예를 들어, 파일 업로드, 사용자 클릭, 데이터베이스 변경 등이 이벤트가 될 수 있으며, 이 이벤트에 반응하여 특정 함수나 서비스가 실행됩니다. 서버리스 컴퓨팅에서 주로 사용됩니다.

이중화 (Redundancy)   시스템의 안정성과 가용성을 높이기 위해 핵심 구성 요소를 여러 개 복제하여 준비해 두는 방식입니다. 하나에 문제가 생겨도 다른 것이 대신 작동하여 서비스 중단을 방지합니다.

이식성 (Portability)   소프트웨어나 애플리케이션이 다양한 운영 환경(예: 개발자의 노트북, 테스트 서버, 클라우드 환경)에서 수정 없이 동일하게 실행될 수 있는 특성을 의미합니다. 컨테이너 기술의 가장 큰 장점 중 하나입니다.

인증 (Authentication)   사용자가 주장하는 신원(Identification)이 실제로 맞는지 확인하는 절차입니다. 비밀번호, 지문, OTP 등을 사용하여 본인을 확인합니다.

인증 토큰 (Authentication Token)　(액세스 토큰과 유사) 사용자나 시스템이 클라우드 서비스에 접근할 때 신원을 증명하기 위해 사용되는 디지털 정보입니다. 보통 짧은 유효 기간을 가집니다.

인프라스트럭처 코드화 (Infrastructure as Code, IaC)　(IaC와 동일)

ㅈ

자본 지출 (Capital Expenditure, CapEx)　(CapEx와 동일)

자원 공유 (Resource Pooling)　클라우드 컴퓨팅의 다섯 가지 핵심 특성 중 하나로, 클라우드 제공자가 보유한 대규모 IT 자원(CPU, 메모리, 스토리지 등)을 여러 사용자에게 동적으로 할당하고 공유하는 방식입니다. 사용자는 논리적으로는 독립된 자원을 사용하는 것처럼 느낍니다.

재해 복구 (Disaster Recovery, DR)　(DR과 동일)

전용선 (Dedicated Line)　(클라우드 전용선과 동일)

측정 가능한 서비스 (Measured Service)　클라우드 컴퓨팅의 다섯 가지 핵심 특성 중 하나로, 사용한 만큼의 IT 자원(예: CPU 시간, 저장 용량, 데이터 전송량)이 명확하게 기록되고, 그에 따라 요금이 부과되는 투명한 과금 구조를 의미합니다.

ㅊ

최소 권한 원칙 (Principle of Least Privilege)　사용자 또는 시스템에 특정 작업을 수행하는 데 필요한 최소한의 접근 권한만 부여해야 한다는 보안 원칙입니다. 불필요한 권한 부여로 인한 보안 사고 발생 가능성을 줄이는 데 목적이 있습니다.

ㅋ

컨테이너 (Container)　(Container와 동일)

컨테이너 오케스트레이션 (Container Orchestration)　(Container Orchestration과 동일)

클러스터 (Cluster)　어떤 목적을 위해 서로 연결된 두 대 이상의 컴퓨터나 서버를 하나의 시스템처럼 구성한 집합체입니다. 이들은 서로 협력하여 작업을 나누어 처리하거나, 장애 발생 시 자동으로 대체되도록 설계되어 있습니다.

클라우드 네이티브 네이밍 서비스 (Cloud Native Naming Service)　클라우드 환경에서 서버나 컨테이너처럼 자주 생성되고 사라지는 리소스에 대해 자동으로 이름을 부여하고, 그 이름을 실제 네트워크 위치(IP 주소 등)와 실시간으로 연결해주는 서비스입니다. 유연하고 자동화된 서비스 간 통신을 가능하게 합니다.

클라우드 컴퓨팅 (Cloud Computing)　필요한 만큼의 IT 자원(서버, 스토리지, 네트워크, 소프트웨어 등)을 인터넷을 통해 빌려 쓰고, 사용한 만큼만 비용을 지불하는 방식입니다.

클라우드포메이션 (CloudFormation)　Amazon Web Services(AWS)에서 공식으로 제공하는 IaC(Infrastructure as Code) 도구입니다. JSON이나 YAML 형식으로 AWS 인프라를 정의하고 자동으로 구성할 수 있도록 돕습니다.

키 회전 (Key Rotation)　(Key Rotation과 동일)

ㅌ

탄력성 (Elasticity)　시스템의 수요 변화에 따라 IT 자원(예: 서버, 컨테이너)을 자동으로 늘리거나 줄일 수 있는 능력입니다. 예를 들어, 트래픽이 몰릴 때 자동으로 서버 수를 늘리고, 한산할 때는 줄여서 비용을 절감하고 서비스 안정성을 유지할 수 있습니다. 이는 확장성과 비슷하지만, '자동화'라는 요소가 강조됩니다.

테라폼 (Terraform) HashiCorp에서 개발한 오픈소스 IaC(Infrastructure as Code) 도구입니다. AWS, Azure, GCP 등 다양한 클라우드 및 온프레미스 환경을 공통된 HCL(HashiCorp Configuration Language) 문법으로 정의하고 관리할 수 있는 멀티 클라우드 범용성이 가장 큰 특징입니다.

ㅍ

파라미터 (Parameter) 소프트웨어 개발이나 IaC(Infrastructure as Code)에서, 프로그램이나 스크립트가 실행될 때 외부에서 전달받는 값이나 변수를 의미합니다. 이를 통해 동일한 코드나 템플릿을 다양한 환경이나 조건에 맞게 유연하게 사용할 수 있습니다.

페일오버 (Failover) (Failover와 동일)

평면적인 구조 (Flat Structure) 객체 스토리지와 같이 데이터가 폴더나 계층 없이 단순히 나열된 형태로 저장되는 방식입니다. 데이터를 고유 식별자(ID)를 통해 직접 찾아 접근하며, 높은 확장성에 유리합니다.

플랫폼형 서비스 (Platform as a Service, PaaS) (PaaS와 동일)

파일 스토리지 (File Storage) 데이터를 '폴더-파일' 계층 구조로 저장하고 관리하는 스토리지 방식입니다. 네트워크를 통해 여러 사용자가 동시에 접근하여 파일을 읽고 쓰고 수정할 수 있어, 협업 문서 저장이나 여러 서버 간의 공통 파일 공유에 적합합니다.

ㅎ

하드코딩 (Hardcoding) 프로그램 코드 내부에 비밀번호, API 키, 설정 값 등 변경될 가능성이 있는 데이터를 직접 고정하여 작성하는 방식입니다. 보안에 취약하며 유연성이 떨어지는 단점이 있습니다.

하이퍼바이저 (Hypervisor)　가상화 기술의 핵심 소프트웨어로, 하나의 물리적인 컴퓨터(호스트) 위에 여러 개의 가상 머신(게스트)을 생성하고 관리하는 역할을 합니다. 가상 머신이 실제 하드웨어 자원을 사용할 수 있도록 중개하고, 각 가상 머신을 서로 격리합니다.

하이브리드 클라우드 (Hybrid Cloud)　(Hybrid Cloud와 동일)

확장성 (Scalability)　시스템의 처리 능력을 수요 변화에 따라 '수평적'(서버 수 증가) 또는 '수직적'(서버 성능 향상)으로 늘리거나 줄일 수 있는 능력입니다. 사용자 증가에 유연하게 대응하여 서비스 품질을 유지하는 데 중요합니다.

헬스 체크 (Health Check)　(Health Check와 동일)

호스트 (Host)　가상화 환경에서 가상 머신(VM)이 실행되는 물리적인 컴퓨터를 의미합니다.

회복력 (Resilience)　(Resilience와 동일)